辽宁省新型城镇化进程中的投融资问题研究

孙艳丽 著

中国建筑工业出版社

图书在版编目（CIP）数据

辽宁省新型城镇化进程中的投融资问题研究/孙艳丽著. —北京：中国建筑工业出版社，2019.12

ISBN 978-7-112-24653-3

Ⅰ.①辽… Ⅱ.①孙… Ⅲ.①城市化-建设-投融资体制-研究-辽宁 Ⅳ.①F299.273.1

中国版本图书馆 CIP 数据核字（2020）第022129号

随着振兴东北老工业基地的契机和国家以及省内城镇规划的出台，辽宁省将加快城市化建设。

本书全面系统研究新城镇化背景下城镇建设投融资模式。主要内容如下：导论，广泛研究国内外相关问题的资料，为相关具体课题研究做好准备。新型城镇化的发展和特征，厘清相关问题界定、分析辽宁省城镇化基本特征；新型城镇化进程中的辽宁污水处理项目融资问题研究，分析融资模式、运作方式和流程等；新型城镇化进程中的辽宁省既有建筑节能改造融资问题及对策；雾霾治理投融资问题研究；辽宁省智慧城市建设融资问题研究；辽宁省新型城镇化建设投融资模式研究。

本书适宜作为管理科学、经济学、政治经济学、金融学、环境工程、工商管理等课程研究生、本科生以及研究城镇化建设相关研究人员的参考用书。

责任编辑：张　晶　吴越恺
责任校对：党　蕾

辽宁省新型城镇化进程中的投融资问题研究
孙艳丽　著

*

中国建筑工业出版社出版、发行（北京海淀三里河路9号）
各地新华书店、建筑书店经销
北京雅盈中佳图文设计公司制版
北京建筑工业印刷厂印刷

*

开本：787×960 毫米　1/16　印张：$11^{1}/_{4}$　字数：190 千字
2020 年 3 月第一版　2020 年 3 月第一次印刷
定价：45.00 元
ISBN 978-7-112-24653-3
（35168）

前言 PREFACE

城市的出现，是人类走向成熟和文明的标志，也是人类群居生活的高级形式。

中华人民共和国成立以来，我国在经济以及工业上取得的傲人成果举世瞩目，城镇化进程不断加快，但是在城镇化发展过程中也出现了一些问题。在党的十八届三中全会上，第一次正式提出了新型城镇化概念，在城市发展要以人为本的方针指导下，我国城市正在以更加健康的方式发展。

随着振兴东北老工业基地的契机和国家以及省内城镇规划的出台，辽宁省将加快城市化建设。为了完善具有中国特色的城镇建设的投融资模式的理论，丰富城镇的建设理念，进而推动辽宁本省城镇化的快速发展，解决城镇发展过程中的资金不足的问题，全面系统研究新型城镇化背景下城镇建设投融资模式就成了关键所在。

在这一背景下，本书基于我国新型城镇化建设发展迅速这一时代背景，根据大量研究及相关文献，重点介绍了辽宁省在发展新型城镇化进程中所产生的一系列投融资问题，并且根据问题提出解决方法。

下列人员对本书的著写提供了帮助和支持：夏宝晖、韩毅、金路、刘永健、李绥、刘承宪、柳强、刘新源、刘尚来、王韦丹、李超、李坤、杨建元、范洋、刘雨桐、姚凤娇、刘佳、刘国花、郭旭艳、宋莹、苏瑶、刘诗琦。其中夏宝晖、韩毅、金路、刘永健、刘尚来、王韦丹、李超、李坤、杨建元、范洋、刘雨桐，参与导论、第 1 章～第 4 章。李绥、刘承宪、柳强、刘新源、姚凤娇、刘佳、刘国花、郭旭艳、宋莹、苏瑶、刘诗琦，参与第 5 章～第 7 章。

本书支持的课题有：

（1）辽宁省社科规划基金：新城镇化背景下辽宁城镇建设投融资模式研究；

（2）辽宁省社科规划基金：辽宁省智慧城市建设融资问题研究——以沈阳浑南新区智慧城市建设为例；

（3）辽宁省自然科学基金：预制构件综合效益性能化设计研究；

（4）辽宁省财政基金：公私合作（PPP）与辽宁污水处理项目投资问题研究；

（5）辽宁省财政基金：辽宁省PPP项目财政风险防范研究；

（6）辽宁省财政基金：加快辽宁担保体系建设缓解中小微企业融资难题研究；

（7）沈阳市社科规划基金：关于推动沈阳全域旅游研究。

本书在编写过程中，得到了出版社以及相关人员的热心指导和帮助，特此深表谢意！由于本书编写时间仓促，所掌握的资料和所做的研究有限，错漏之处在所难免，在此特请广大读者和业界同仁批评指正。

目 录
CONTENTS

0 导 论

0.1 问题的提出及研究意义

2014年3月，中共中央、国务院正式印发《国家新型城镇化规划2014—2020年》。规划强调新型城镇化发展的战略、目标、路径和任务。并明确提出“完善财政转移支付制度”、“培育地方主体税种”和“地方债发行”等措施，并鼓励社会资本进入城市基础设施和公共服务等领域，其主要目的是为实现城镇化建设资金的多元化。

随着振兴东北老工业基地的契机和国家以及省内城镇规划的出台，辽宁省将加快城市化建设，全面系统研究新城镇化背景下城镇建设投融资模式，就理论意义而言，有利于完善具有中国特色城镇建设投融资模式的理论，丰富城镇建设的理念；从现实意义上看，有利于推动辽宁本省城镇化的快速发展，解决城镇发展过程中的资金不足问题。具体而言：

1. 本研究是辽宁省推进城市化进程的客观需要和趋势所在

2018年8月14日，辽宁省印发“十三五”推进新型城镇化规划实施方案，提出“到2020年，全省城镇化率达到72%左右”。以县城、新区（新城）为突破口，以重点镇和特色镇为补充，发展城市群，促进城镇布局科学合理。城镇化质量全面提升，城乡居民生活水平的差距逐步缩小的发展目标。截至2013年，辽宁省建制镇的总数为609个，其中44个农业县（市）共有建制镇540个，其他为各辖区所属，由此可见辽宁省城镇数量较大，在新型城镇化背景下，城镇建设所需的资金必将加大。同时无论从国家层面还是辽宁省城镇的实际情况而言，都要求城镇的资金实现多元化，故对城镇投融资方面的研究，旨在解决在有限资金下，解决辽宁城镇建设的资金问题。

2. 本研究对辽宁省新型城镇化背景下，城镇建设投融资具有现实的指导意义

本课题拟选取辽宁省特色城镇和重点的城镇为研究对象进行系统研究与调研，系统分析各镇投融资的金融环境，应对问题所在提出观点和意见。研究成果具有较强的现实指导意义，既可以做为辽宁省完善城镇建设投融资问题的解决方式与方法，也可以为其他针对城镇各方面的建设提供可借鉴的参考。

3. 本研究为辽宁省政府和各级乡镇政府制定完善城镇建设投融资政策提供参考

实践表明，在当前辽宁省在城镇建设中投融资方面存在一些问题和缺陷，暴露出对城镇建设投融资方面相关政策有待完善，部分领域政府资金不便投入、投资者存在顾虑。通过本研究将会从理论上探讨辽宁省在城镇路上的投融

资模式，同时对城镇实际的情况进行调研，搜集数据，从而为今后城镇建设项目的建设投融资提供建设性意见。

0.2 国内外研究现状评述

0.2.1 国内研究综述

1. 关于城镇化的研究

目前国内外约有六种城镇化模式中存在的问题：（1）以英国为代表的西欧模式的城镇化起始阶段实施了一些牺牲农业的政策，引起农产品过分依赖国际市场，影响居民生活；（2）美国自由放任式的城镇化，造成城镇化中的“过度郊区化”现象，资源浪费严重；（3）拉美国家的“过度城市化”，工业滞后于城镇化，造成贫富差距悬殊，不利于社会稳定和发展；（4）国内三种城镇化模式，也存在土地浪费严重，企业发展后劲不足等问题。

翁贞林、朱红根通过分析国内外六种典型的城镇化模式，得出以下经验值得借鉴:（1）城镇化过程必须重视农业,且与二三产业发展相互协调,同时并进;（2）市场机制在城镇化过程中的土地、资金、劳动力等资源要素配置方面起基础性作用；（3）政府在城镇化过程中从规划、建设到管理中的作用不可或缺。

翁贞林、朱红根等认为我国中部地区城镇化受“三农”因素、经济规模和经济结构、城镇化建设资金以及建设成本、资源和环境、区域经济政策的缺失以及制度供给不足等因素的制约。

单卓然、黄亚平（2013）定义了新时期“新型城镇化”概念，从国外经验教训借鉴、总结中国城镇化历程中过去错误做法、国内城镇化将要应对未来不确定需求、当届政府执政四个角度解读并指出新型城镇化的可持续发展、民生和质量三大内涵。

付宗平通过分析丘陵地区新型城镇化的制约因素，提出城镇化对策：坚持因地制宜，依靠特色农业发展驱动城镇化；注重区域性，分类推进城镇化；强化产业支撑，增强城镇化持久动力;进一步完善城镇体系，提升辐射带动能力;加强基础设施建设,增强城镇综合承载能力;深化制度改革,提供政策支持环境。

2. 关于城镇化融资的研究

国内学者对于城镇投融资方面的研究，主要涉及城镇投融资模式研究，城镇投融资财政支持方式研究，城镇投融资政府行为研究，城镇基础设施投融资对策研究，城镇投融资体制改革问题研究几方面。

贾康、孙洁提出公私合作的融资方式对于基础设施、公用事业、公共服务等领域都非常适用，可以通过这种方式发掘民间资本的潜力，推动城镇化发展。刘洪喜认为资金是城镇发展的重要保证，因此要建立有效的投融资财政支持方式。李杰认为应鼓励非财政资金投资，并推动基础设施特许经营，区域性城镇债券市场应探索建立，地方政府应逐步建立起基础设施特许经营制度。

万冬君提出城镇基础设施投资来源主要分为政府投资和非政府投资，政府的投资行为研究主要建立在政府投资价值运动过程上。巩治伶采用定量分析与定性分析相结合的方式分析了我国农村城镇化建设金融支持不足的原因并提出提高金融支持建设力度的相关建议。于婷指出传统的融资模式面临困境，可以通过金融租赁、典当融资、信托计划融资等创新型融资政策建立多元化、全方位的融资平台。

郭林以天津市城镇化建设融资为例，指出城镇建设在发展中注意区域差异和路径差异，因地制宜对资源富裕的地区提供大额贷款重点支持，以带动县域发展。李文娟以大庆市为例提出金融支持城镇化面临机构布局不合理、担保能力不足、创新能力不足等问题，并提出相应的改进意见。张玉霞就新疆生产建设兵团金融发展支持城镇化进行相关分析，从实证的角度对金融支持城镇化的效应进行验证。韩鑫韬研究新型市场国家城镇化建设中融资机制，指出部分外国政策基金、合作信用等融资方式值得借鉴。

0.2.2 国外研究综述

1. 国外关于城镇化的研究

国外的研究大体上可以分为三个时期：

第一个时期为1900年以前直到城市概念的产生。在1900年以后，“城市化”概念产生并开始广泛使用。许多著作诸如马克思的《资本论》、恩格斯的《英国工人阶级状况》、亚当·斯密的《国富论》中都对城市的起源、发展、产生的问题及人口流动产生的问题做出了论述。

第二个时期，从1900年到第二次世界大战结束。在这个时期欧美大部分国家已初步实现了城市化，但是在城市化过程中的主要问题开始暴露出来。这时期城市化的理论研究以具体问题为主，各学科基本都是以自己学科的特点对城市化问题进行研究。

第三个时期，20世纪50年代到现在。这个时期，发达国家继续高速地发展城市化，发展中国家的城镇化进程也在逐步加快。在城镇化进程中，各种问题都开始暴露出来。

工业战略学说认为，过于追求既定的工业化大目标是中国城市化缓慢发展的原因所在。过去，中国为了实现工业化目标，将大量的资金用于重工业建设，而忽视了城市基础设施的建设和农村的扩大再生产，削弱了城市进一步发展的动力。城乡二元体系与工农业均衡发展说认为：中国独特城市化过程的原因是中国存在城乡双元体系，即传统城市体系和源于发达国家影响的城市体系。从城乡双元体系的相互变化中可以得出中国城市化缓慢发展的内在原因。中华人民共和国成立后，城市化发展比较快，是因为当时比较重视现代城市的发展，然而，不久后开始注重传统城市的发展，同时重视重工农业的均衡发展。

2. 国外关于城镇化融资的研究

早在 20 世纪初期，发达国家就在投融资管理方面进行了一些积极有益的探索。最具代表性的是财政转移支付制度，其特点是重点支持财政薄弱的地方政府和村镇。1918 年日本建立"地方支付税"制；1923 年德国出台"财政调整法"；1929 年美国实行"国库交付金制"。

理查德 · 阿贝尔 · 穆斯格雷夫（R.A.Musgrave）将国家财政纳入经济理论体系之中进行研究。理查德 · 阿贝尔 · 穆斯格雷夫（R.A.Musgrave）和罗斯顿（W.Rostow）的合作研究主要集中于发展中国家，在城市公共财政理论研究领域，于 1960 年提出最具代表性的经济成长阶段理论。该理论认为，在经济发展的初始阶段，公共部门的投资，主要包括城市道路、交通、教育、卫生等。这些在总投资中的比例非常高。这些投资将促使发展中国家由欠发达阶段进入中等发达阶段。经济发达国家在发展初期，大多以国家财政和财政投融资的方式来保证城市基础设施的建设。

在城镇投资领域，经济学家 K · J 巴顿认为在城市发展进程中，城市投资不可缺少，在城镇基础设施方面更是需要大量的投入，因此政府应筹集足够的资金用于城市建设，以满足不断增加的城市人口需要。一方面是城镇基础设施需要增加，另一方面是城镇基本服务需要增加。

20 世纪 90 年代，欧美经济学家集中在城市建设投资主体与规模方面开展了一系列研究。CxClayton 于 1994 年探讨了城市基础设施的三种可能投资主体，分别为政府、公共机构、私营企业。三者的投资效率有明显的区别，从高至低分别为私营企业、公共机构、政府。英国经济学家 Werna 和 Nairobi 于 1998 年对不同地区的公共服务进行了公平和效率分析，并得出结论认为城市基础设施应实行最大的资源配置，并且城市基础设施建设应投向市场。

M.Gibb 和 E.NeI（2007）对一铁路交通枢纽镇 Alicedale 进行了相关研究。研究认为，政府部门完全可以在小城镇建设方面与私人建立合作关系。Alicedale 是合作成功的一个典型，研究还具体阐述了合作的过程、关键影响因素、合作成果，并认为这一相关经验可以在同类型小城镇中推广。Luc E.Leruth（2009）系统地研究了政府与私人之间在小城镇基础设施方面的合作。研究涉及这一合作过程中的经济、财政、风险分担原理等方面，并明确提出可设立一代理机构，使双方的合作概念化、系统化。

0.3 研究内容与研究方法

0.3.1 研究内容

本书以辽宁省新型城镇化建设投融资模式为研究对象，探索新型城镇化进程中融资模式机制的理想模式和具体环节，按照提出问题—分析问题—解决问题的框架，将研究的主要内容分为六大部分，并依次展开研究。

导论简要介绍研究的意义，国内外治理现状，涉及的研究方法和内容及本书的创新之处。第 1 章是对新型城镇化的发展和特征进行概述，主要包括新型城镇化的相关概念，我国以及辽宁省新型城镇化的基本状况和特征。第 2 章以辽宁省污水处理项目融资问题的研究为切入点，通过分析其运作方式和流程，找到其融资风险及做出相应的对策建议，从而对新型城镇化建设融资模式进行探索。第 3 章随即分析辽宁省新型城镇化进程中的既有建筑节能改造融资模式，对其风险管理及运行模式进行分析和探讨，找到既有建筑节能改造融资问题并作出对策。第 4 章从新型城镇化中的雾霾治理融资模式入手，结合省内雾霾治理现状，通过博弈的方法找到问题后得出模型分析建议。第 5 章则以辽宁省智慧城市建设为方向，从环保 PPP 模式、智慧交通等方面进行分析及探讨，最后通过对沈阳市的智慧城市建设为例，深一步探索辽宁省新型城镇化建设投融资模式。第 6 章再通过以上各方面分析后，进行总的辽宁省新型城镇化建设投融资模式研究，包括融资模式障碍分析、风险分析、模式设计等，最后提出提升城镇建设投融资能力的对策与建议。

0.3.2 研究方法

1. 文献研究法。搜集国内外有关城镇建设投融资的方法和模式的文献，对资料进行分类汇总，重点研究我国有关此类方面的实例投融资模式的利弊和出现存在的问题。

2. 调查研究法。重点立足于本省内特色的城镇建设进行相关的调查，同时对辽宁本省内类似的实例进行分析，在调查的基础上进行纵向和横向地对比分析。

3. 实证分析和理论分析相结合研究法。对国内和省内的城镇建设投融资的状况进行实际的分析论证，并根据调研结论提出对策、措施，保证研究的科学性、可信性和适用性。

0.4 研究的重点难点及创新之处

辽宁省在城市建设方面不断增加投入，投资增长幅度较大。2012 年辽宁省城市建设投资是 2000 年的 7.36 倍。但是，目前辽宁省城镇化建设投融资机制下的时政体制固化，融资渠道单一和融资的工具缺乏，已经造成城镇化建设资金瓶颈，造成了城市水平和发展速度已经不能适应建设新型城镇化的目标。表现在以下几个方面：

第一，城市建设的增长速度远远不能满足人口增长和社会发展需要。城市建设人均拥有率的增长速度明显慢于城镇化建设总体的增长速度，人均道路面积、人均拥有公共车辆、人均生活用水率、气化率、人均公共绿地等主要指标与新型城镇化标准比较仍有很大差距。

第二，2006~2011 年，辽宁省城市基本建设投资从 1321.49 亿元上升到 3621.2 亿元，城市建设资金从 149.14 亿元上升到 494.49 亿元。由此看出，辽宁省地方政府的财政性城市建设资金满足不了城市建设的投资需求。

第三，2006~2011 年，辽宁省城市建设维护资金收入中，城市维护建设税、城市公共事业附加、中央政府拨款、地方政府拨款四项平均占城市建设维护资金收入的 49.67%，资金的稳定性较差。

第四，土地出让金由 2006 年的 49.97 亿元上升到 2011 年的 323.72 亿元，土地收益的迅速增加，在一定程度上支持了辽宁省城市建设资金的需要。

0.4.1 主要的重难点

1. 单一的财政支出致使渠道难

辽宁省在推进城镇化的进程中地方层面都是以财政资金作为城镇化融资中最主要的资金来源，同时经济发展地区性差异较为显著。城镇化建设中过度依赖单一的财政资金是不可取的，使得地方政府陷入财政供给不能满足其资金需求的困境，不利于城镇化建设长期、高速度的发展，不利于地区的经济增长。

2. 现代化农业和基础设施建设带来大量的资金需求

辽宁省是农业大省和工业基地，因而在新型城镇化的过程中，也同样面临着大量的资金需求问题，农业用地集中规模化、现代化的生产需要大量的设备和技术投入，而这些需要较大的资金支持。农业人口涌入城市后的子女教育、再就业培训、医疗、保险、户口、住房等系列安置问题，也是关系民生的重点，同样也需要大量的资金投入。

3. 融资体制、融资结构、融资渠道的阻碍

从辽宁省当前实际情况来分析，与城镇化建设相匹配的融资体系还不够完善。金融机构和非金融机构的服务组织总量较少。而且，金融业服务的侧重点仍集中于中心城市,对乡镇的金融服务较为欠缺。使得地区的融资体制不健全，没有做到金融机构网点的全部覆盖，经常出现的现象是农村金融机构单一，网点的覆盖率低，融资力量十分薄弱。

4. 地方政府融资平台风险加剧

在城镇化的发展背景下，政府需要发展经济拉动投资并完善基础设施建设，由于每年的财政资金有限，投资资金缺口很大，而且在《预算法》的规定约束下，地方政府不允许发行市政债券，地方政府也不得采用向银行透支或借款弥补赤字。主要的风险有偿债的流动性、“影子银行”的金融、融资平台经营等。

0.4.2 辽宁城镇建设的投融资模式创新设计

为从机制上谋划破解辽宁省新型城镇化示范城镇建设面临的资金瓶颈，本章确定的新型城镇化示范城镇建设农民集中居住社区、工业集中区和现代农业产业园区的具体要求，对辽宁省新型城镇化进行融资模式设计。

1. 农民集中居住区建设的融资模式

农民集中居住区是推进辽宁省新型城镇化建设的关键内容，包括建设用地指标取得、住房建设、宅基地腾空复垦或转为建设用地出让等环节，涉及的项目类型主要有：农民集中居住用房建设（含相应基础设施）、土地收储、城镇基础设施建设等项目。本节本着“政府统筹、滚动开发、项目收益最大化、融资渠道多元化”的原则，整合全省资源，明确责任主体，政府增信推动，通过择优滚动开发实现项目孵化，通过融资完善企业法人建设，进行多元化融资。

2. 工业园区建设的融资模式

工业园区建设是保证产业活力，推动新型城镇化可持续发展的关键，包括园区基础设施建设和工业项目建设。其中园区基础设施建设项目主要包括土地收储（含通平等基础设施建设）、道路建设以及标准化厂房建设等项目，可参照农民居住区项目建设的模式融资运作。工业项目依托示范镇产业资源，主要包括装备制造及汽车零部件配套、矿产资源开发、医药等特色工业项目，以及配套的商贸物流项目。

3. 现代农业园区建设的融资模式

现代农业是新型城镇化的重要载体。示范镇现代农业园区建设目标是以绿色种植为产业主导，建设产业高度循环，原料“零剩余”“零污染”，安全高效、可持续发展的农副产品加工园区，形成功能齐全、基础设施完善、生态环境优美、具有国际竞争力的绿色产业、安全食品现代农业示范区，和谐宜居生态新城。

4. 创新融资模式的选择

随着新型城镇化对资金的需求日益增加，单纯的财政融资模式已经不能满足需要。目前，债券融资、股权融资膨胀可能引发金融风险，土地财政融资效率低下。在此背景下，项目融资模式为地方政府融资带来新的途径。项目融资模式包括：BOT 融资模式、TOT 融资模式、PPP 融资模式、ABS 融资模式等。

综上所述，为推进新型城镇化建设，辽宁省政府需要利用多种创新性融资工具和融资模式进行融资。积极为城市基础设施的投资、建设和运营引进社会和民间资金。辽宁省政府应当结合本地区实际，充分发挥 BOT、TOT、PPP 和 ABS 等多种新型融资模式的优势，为辽宁省新型城镇化建设过程中的基础设施和公共服务设施建设筹集资金。另外，在实际操作这些创新性的融资模式时，要综合考虑风险、经济、法律以及工程技术等一系列问题。

1 新型城镇化的发展和特征

1.1 新型城镇化相关概念和范围的界定

1.1.1 新型城镇化的概念

“新型城镇化”是一相对概念，是相对“城镇化”而言。“城镇化”通常是指人口城镇集中的过程，一方面是城镇数目增多；另一方面是各城市内人口规模不断扩大。“新型”则为对传统的突破，主要体现在以人为本、城市集群化、生态宜居化、城乡统筹发展一体化、节约集约化、公共服务均等化等方面。

我国著名城市生态学家、中国科学院院士王如松曾指出：新型城镇化的“新”，是指观念更新、体制革新、技术创新和文化复新，是新型工业化、区域城镇化、社会信息化和农业现代化的生态发育过程。“型”指转型，包括产业经济、城市交通、建设用地等方面的转型，环境保护也要从末端治理向“污染防治—清洁生产—生态产业—生态基础设施—生态政区”五同步的生态文明建设转型。

国务院总理李克强在一次座谈会也曾指出：推进新型城镇化，就是要以人为核心，以质量为关键，以改革为动力，使城镇真正成为人们的安居之处、乐业之地。新型城镇化应该要树立集约高效绿色理念，努力寻求破解资源、环境约束的依据。以上为对新型城镇化基本内涵的探讨，及对文献的回顾，本文将新型城镇化定义为：以城乡统筹、城乡一体、产城互动、节约集约、生态宜居、和谐发展为基本特征的城镇化，是大中小城市、小城镇、新型农村社区协调发展、互促共进的城镇化。新型城镇化的核心在于不以牺牲农业和粮食、生态和环境为代价，着眼农民，涵盖农村，实现城乡基础设施一体化和公共服务均等化，促进经济社会发展，实现共同富裕。

1.1.2 新型城镇化的特征

1. 以人为本

新型城镇化的核心是以人为本。其最终目的是提高人们的生活品质。传统城镇化往往追求人口数量的增加和 GDP 的增长，而与百姓相关的各项社会服务重视不够。与百姓息息相关的教育、医疗、交通、社会福利保障体系建设、保障性住房建设等方面，传统城镇化做得远远不够。我国进城务工的农民工已超过 1 亿人，而农民工的各项权益保障、平等地位却难以保障。新型城镇化要打破这种传统，以一切尊重人为核心，所有工作的推进都必须以人为中心。

2. 创新型

新型城镇化是一次观念、体制、技术、文化上的创新。在观念上，新型城镇化既不以 GDP 为中心，也不以城镇化率为中心，而是以人为中心。在体制上，新型城镇化，要求打破城乡二元体制分割，尤其要推进户籍制度改革，社保制度改革，经济转型发展，产业结构调整，新型土地利用方式、干部考核制度探索等。在技术上，新型城镇化对经济的发展，要求以技术创新来拉动。因此，在新型城镇化进程中，技术创新是必然要求。在文化上，新型城镇化是一大复新，需要重新审视文化在经济社会发展中的重要性，并进行传承和发展。

3. 转型性

新型城镇化具有经济、社会、生态转型的这一典型特征。在经济发展方式上，要求新型城镇化从粗放型到集约型转型。在社会发展方式上，要求新型城镇化从大中城市优先发展到大中小城市和小城镇、农村协调发展转型，从贫富差距的城镇化到社会公平公正、和谐的城镇化转型。在生态建设方面，要求新型城镇化从高能耗向低能耗转型。

4. 统一协调性

新型城镇化是统一协调的城镇化。一方面，新型城镇化要求城乡统一发展，另一方面，也要求城乡协调发展，以达到“城乡一体”“互促互进”的目标。人才、资金、资源、技术等应在城乡之间统一合理流动，大城市和小城镇、农村共享发展成果。与此同时，大中城市和小城镇、农村在发展进程中相互促进，实现协调发展。

1.1.3 新型城镇化与传统城镇化的对比

新型城镇化是在中央政府面对我国经济发展的当前形势，遵循城镇化发展的客观规律和趋势，客观审视过往城镇化发展中出现的种种问题、矛盾和瓶颈的基础上提出的可持续城镇化道路。但是，与传统城镇化不同，新型城镇化是坚持实现可持续发展战略目标，坚持实现人口、资源、环境、发展四位一体的互相协调，坚持实现农村与城市的统筹发展和城乡一体化，坚持实现城乡公共服务的均质化，以城乡之间和城际之间创造财富和分配财富的机会平等为标志，逐步达到减缓和解消城乡二元结构达到社会和谐的城镇化之路。具体的区别与联系见表 1-1。

新型城镇化与传统城镇化的比较 表 1-1

比较项目	传统城镇化	新型城镇化
核心标志	以城市人口占总人口的比例大小为标志，农村不能充分享受国民待遇	以城乡统筹能力与城乡一体化水平的高低为标志，全体社会成员实现共建共享
动力机制	根据社会建设需要，部分城乡先行一步获得发展	以城乡享受公共服务均质化为中心，以城乡之间创造财富能力和分配财富程度的机会平等为追求
哲学思考	在低发展水平条件下，区域发展从同化走向异化，从均质走向差异，从和谐走向矛盾	在高发展水平条件下，区域发展从异化走向同化，从差异走向均质，从矛盾走向和谐
社会效应	不断加剧的城乡二元结构，贫富差异与区域差异现象存在	逐步减缓和解消城乡二元结构，表现为贫富差异与区域差异越来越小达到共同富裕最终形成城乡一体的社会和谐
关注重点	集中关注城市发展，产生城乡差异，城市自身单极放大，主要追求物质文明	集中关注区域发展，达到城乡融合，连同农村在内的组团式城市群，共同追求物质文明、政治文明、精神文明和生态文明
要素流动	“人流、物流、信息流、货币流”在城乡之间的单向流动，城市化以集聚为主	“人流、物流、信息流、货币流”在城乡之间的双向流动，城市化表现出集聚与扩散并重
空间结构	以“摊大饼”的模式扩张，产生严重的城市病	以大中小城市与乡村相协调的模式发展，克服城市病
产业关系	一、二、三产业链简单，互不连接，界限分明，不利于获取发展红利	一、二、三产业的产业链复杂，界限模糊并互相支持，有利于获取发展红利
演变趋势	城乡之间贫富差异逐步向城市内部贫富差异推移和传递	城市效应外溢，城市内部创造财富的能力逐步向农村反哺
地域联系	城际之间独立分离，产生严重同构化，形成同质竞争	大中小城市协调发展，错位发展形成区域互补与区域联盟
发展路径	土地城镇化速度高于人口城镇化，大量占有资源、大量消费资源、严重污染环境。土地低效利用问题突出，城市空心化、土地荒置化问题突出	以人为本，尊重人的发展意愿、维护人的正当权益、满足人的合理需求，城乡人口同时享受城镇现代化的基础设施和公共服务，走资源节约环境友好之路，推行循环经济与低碳经济
环境效益	污染集中，生存空间狭小，污染物向农村转移	城乡环境统一规划，共建绿色家园，实施生态补偿，达到生态文明
发展特点	注重速度和数量的扩张，城镇化量不高，城镇建设滞后，管理水平不高，综合承载能力不强	土地高效利用，城市地下空间得到充分开发，水资源等利用效益不断提高，城市发展加速由外延扩张向集约高效转变
生产方式	大工业与农村小农经济并存	城乡作为共同体实现区域的合理分工

续表

比较项目	传统城镇化	新型城镇化
生活方式	趋向于奢化和占有的非理性消费，人居环境与生活质量下降	推崇简约和绿色的理性消费，人居环境与生活质量提升
文化方式	削弱文化多样性	保留乡村文化遗产，倡导文化多样性
发展战略	不利于人与自然、人与人和谐，以“自然系统、社会系统、人文系统”的共同劣质化为内涵	走人与自然和谐，人与人和谐的可持续发展之路，统筹城乡发展以人的全面提高和发展为基本宗旨

1.2 现阶段我国新型城镇化的基本状况

城镇化是世界各国工业化进程中必然经历的历史阶段。改革开放以来，我国的城镇化建设取得了飞速的发展，然而传统的城镇化建设“重数量轻质量”的发展方式不能满足我国全面建设小康社会的发展要求，因此推行新型城镇化建设，提高城镇化发展质量已成为未来的工作重点。新型城镇化建设不但有助于加快社会主义现代化建设的进程，而且对实现中华民族伟大复兴的中国梦具有推动作用。城镇化离不开资金提供持续的推动力，然而，现阶段我国新型城镇化建设面临着巨大的融资缺口，亟待融资方式及模式的创新性发展。

我国城镇化建设的融资随着我国经济的改革与发展在不同阶段呈现不同的方式和模式。

在改革开放最初始，政府财政资金是最主要的资金来源，尽管随着经济体制改革和发展，融资的方式逐渐有所突破，但是政府财政资金仍然是不可或缺的融资方式。分税制改革以及金融危机的爆发使融资方式逐渐多元化，现阶段城镇化建设最主要的融资路径除了政府财政支出以外，还加入了地方投融资平台、地方债券等方式。尽管融资路径不再是单一依靠财政资金，但是融资的主体仍然主要是政府，这不但增加了政府财政的负担，也使城镇化建设受困于财政资金规模的限制，城镇化的发展缺乏可持续性。

现阶段无论是财政代发债券还是地方投融资平台都是以政府作为依靠，然而为了城镇化的高质量可持续发展，建立融资主体多元化、融资路径多样化的融资体系才是解决之道，除了政府财政支持以外，金融机构应为基础设施建设提供融资支持，然而现阶段金融在为城镇化建设融资方面没有充分发挥其功能优势。因此，积极完善金融组织机制，构建金融支持城镇化建设的最佳模式以满足城镇化建设的资金需求尤为重要。

1.3 既有建筑的总体特征

随着我国社会经济发展步伐的加快，近年来建筑业得到了快速发展，房屋建设规模逐年增大。据统计，2011~2013 年我国每年竣工房屋建筑面积年增长率分别为 13.1%、14.1% 和 13.4%。如表 1-2 所示，2013 年我国各地区全社会房屋竣工面积达 31.6 亿 m^2。目前我国既有建筑面积超过 550 亿 m^2（按照投入使用 2 年计），其中城镇既有建筑 270 亿 m^2。预计到 2020 年底，我国新增房屋建筑面积将超过 300 亿 m^2。

2000~2013 年全国房屋建筑面积　　表 1-2

年份	全国房屋施工面积（万 m^2）	全国房屋竣工面积（万 m^2）	全国住宅竣工面积（万 m^2）
2000	265293.5	181974.4	134528.8
2001	276025.4	182437.1	130419.6
2002	304428.2	196737.9	134002.1
2003	343741.7	202643.7	130160.8
2004	376495.1	207019.1	124881.1
2005	431123.0	227588.7	132835.9
2006	462677.0	212542.2	131408.2
2007	548542.0	238425.3	146282.7
2008	632261.0	260307.0	159404.6
2009	754189.4	302116.5	184209.5
2010	576834.4	245401.6	151881.3
2011	708023.5	277450.2	172492.7
2012	851828.1	316429.3	200749.2
2013	970138.4	358736.2	234222.2

数据来源:《中国统计年鉴 2014》。

从表 1-2 中可以清楚地看出施工面积、竣工面积、住宅竣工面积都在逐年增加。新建建筑虽然在不断增加，但是既有建筑由于一些安全性、耐久性、适应性、环境性等问题而被闲置，这是对国家资源和资金的严重浪费，在经济新常态的情况下，更需要稳步的发展经济，而不是浪费现有的资源。

大量既有建筑抗震设防级别偏低。2002 年新规范出台后，设防要求和设防烈度有所提高，多数既有建筑不能满足现有抗震设防的要求，有的甚至不设防。既有建筑的防火安全需要进一步提高。20 世纪 90 年代我国的火灾直接损失平均每年为 1016 亿元，火灾造成的直接经济损失呈现出随着工业化和城市化发展而相应增加的态势。仅 2001~2004 年间中国发生的特大火灾年均 31 起，每年由火灾造成的损失约为 1515 亿元。既有建筑耐久性差，主要有混凝土劣化开裂、钢筋锈蚀、结构外观恶化等情况。

既有建筑的使用功能远不能满足现代生活的要求，相当一部分既有建筑的使用性能欠佳，特别随着经济发展及人们生活水平的提高，这些建筑越来越不能满足现代生活的需求，例如，建筑空间不足、电梯数量不足、建筑的使用舒适度差等。

1.4 辽宁省新型城镇化发展的基本状况和特征

辽宁省在城市建设方面不断增加投入，投资增长速度较大。2012 年，辽宁省城市建设投资是 2000 年的 7.36 倍。但是，目前辽宁省城镇化建设投融资并不能满足其城镇建设的需求，存在融资渠道单一和融资主体单一的问题。已经造成城镇化建设资金瓶颈，造成了城市化水平和发展速度已经不能适应建设新型城镇化的目标。主要表现在以下几个方面：

第一，城市建设的增长速度远远不能满足人口增长和社会发展需要。城市建设人均拥有土地增长速度明显慢于城镇化建设总体的增长速度，人均道路面积、人均拥有公共车辆、人均生活用水量、气化率、人均公共土地等主要指标与新型城镇化标准比较仍有很大差距。

第二，2006~2011 年，辽宁省城市基本建设投资从 1321.49 亿元上升到 3621.2 亿元，时政性的城市建设资金从 149.14 亿元上升到 494.49 亿元。由此看出，按照这样的发展速度，未来辽宁省地方政府的财政性城市建设资金可能难以满足城市建设的投资需求。

第三，2006~2011 年，辽宁省城市建设维护资金收入中，城市维护建设税、城市公共事业附加、中央时政拨款、地方时政拨款四项平均占城市建设维护资金收入的 49.67%，资金的稳定性较差。

第四，土地出让金由2006年的49.97亿元上升到2011年的323.72亿元，土地收益的迅速上升在一定程度上支持了辽宁省城市建设资金的需要。

1.5 本章小结

“新型城镇化”是一相对概念，是相对“城镇化”而言。“城镇化”通常是指人口城镇集中的过程，一方面是城镇数目增多；另一方面是各城市内人口规模不断扩大。“新型”则为对传统的突破，主要体现在以人为本、城市集群化、生态宜居化、城乡统筹发展一体化、节约集约化、公共服务均等化等方面。国务院总理李克强在一次座谈会也曾指出：推进新型城镇化，就是要以人为核心，以质量为关键，以改革为动力，使城镇真正成为人们的安居之处、乐业之地。新型城镇化应该要树立集约高效绿色理念，努力寻求破解资源、环境约束的依据以上对新型城镇化基本内涵的探讨，及对文献的回顾，本文将新型城镇化定义为：以城乡统筹、城乡一体、产城互动、节约集约、生态宜居、和谐发展为基本特征的城镇化，是大中小城市、小城镇、新型农村社区协调发展、互促共进的城镇化。新型城镇化的核心在于不以牺牲农业和粮食、生态和环境为代价，着眼农民，涵盖农村，实现城乡基础设施一体化和公共服务均等化，促进经济社会发展，实现共同富裕。

首先，新型城镇化的核心是以人为本。其最终目的是提高人们的生活品质。传统城镇化片面追求人口数量的增加和GDP的增长，而忽视与百姓相关的各项社会服务。与百姓息息相关的教育、医疗、交通、社会福利保障体系建设、保障性住房建设等方面，传统城镇化做得远远不够。

其次，新型城镇化是一次观念、体制、技术、文化上的创新。在观念上，新型城镇化既不以GDP为中心，也不以城镇化率为中心，而是以人为中心。在体制上，新型城镇化，要求打破城乡二元体制分割，尤其要推进户籍制度改革，社保制度改革，经济转型发展，产业结构调整，新型土地利用方式、干部考核制度探索等。在技术上，新型城镇化对经济的发展，要求以技术创新来拉动。

再次，新型城镇化具有经济、社会、生态转型的这一典型特征。在经济发展方式上，要求新型城镇化从粗放型到集约型转型。

最后，新型城镇化是统一协调的城镇化。一方面，新型城镇化要求城乡统一发展，另一方面，也要求城乡协调发展，以达到“城乡一体”、“互促互进”的目标。

辽宁在城市建设方面不断增加投入，投资增长幅度较大。2012 年辽宁城市建设投资是 2000 年的 7.36 倍。但是，目前辽宁省城镇化建设融资机创下的时政体制固化，融资渠道单一，已经造成城镇化建设资金瓶颈，造成了城市化水平和发展速度已经不能适应建设新型城镇化的目标。

随着市场经济的发展和辽宁省新型城镇化建设的推进，辽宁省政府摆脱了单纯由政府计划控制、过度依赖财政预算的融资模式，并逐渐形成了由财政资金来引导、市场资金积极参与的多元融资模式，在新型城镇化基础设施建设中，实现了社会各方资金的共同参与，政府不再是投资唯一主体。

2 新型城镇化进程中的辽宁污水处理项目融资问题研究

2.1 辽宁省污水处理项目融资模式综述

我国传统的污水处理项目的建设多沿用了计划经济的模式，由政府相关部门负责污水处理厂的建设、资金的筹措以及运营。地方政府除承担高额的建设费用外还需承担起运营费用。对于计划经济制度国家，抑或是市场经济制度的国家而言，公共事业的发展与建设都被认为是国家的首要任务和职责。应该以国家为主导进行相关设施的投资、建设以及运营工作。但是在实际的公共事业项目中，常常会出现财政支出远远不足的现象。随着我国城市化进程的加快，经济的发展以及人民生活水平的不断提升，基础设施建设和公共事业发展的需求不断增长，国家财政支出已经不能满足目前公共事业基础设施建设的投资需要。对于经济制度的改革和发展，政府需要尝试新型的筹资手段以满足不断增长的基础设施的需求。

我国因为巨大的人口数量，668 个城市中有 400 多个存在供水压力。同时由于污染问题的产生以及污水处理工艺的发展缓慢，使我国面临严重的水资源问题。

公私合作（PPP）模式为政府进行有效的投资建设提供了新型的手段和方法，但是如何进行有效管控，需要不断地探索和总结。

PPP（Public-Private-Partnership），即公私合作模式，是公共基础设施中的一种项目融资模式。在该模式下，鼓励私营企业、民营资本与政府进行合作，参与公共基础设施的建设。其核心目的是在公共服务设施建设项目等领域引入社会资本，增强公共产品的供给能力，提高公共服务的质量和效率，充分发挥市场机制作用，实现公共利益最大化。

随着对水污染的重视和国家以及省内鼓励社会投资的相关政策出台，全面系统研究公私合作（PPP）与辽宁省污水处理项目投资问题，就理论意义而言，有利于完善公私合作（PPP）与辽宁省污水处理项目投资问题的理论，丰富辽宁省在公共基础设施建设上的理念；从现实意义上看，有利于推动辽宁本省公共基础设施的快速发展，推进城市和城镇污水处理项目建设，试图解决我省在污水处理项目的建设过程中资金不足等相关问题。具体有以下几点建议：

一是寻找突破点，推进省内地方政府职能转变，有利于政企分开、政事分开。由于分工与职能不同，社会资本在进行投资中，作为投资方承担公共服务涉及的设计、建设、投资、融资、运营以及后期的维护等方面的责任，而政府作为项目的监督者和合作者，加强金融等方面的宏观调控，加强战略制定、市场监管、社会管治、绩效考核等方面的职责，解决了政府职能错位、缺位及越位的问题和现状，对投资体制的改革具有重要作用，推进了国家治理体系的建设和治理能力的提升。

二是吸引社会资金流入，打破污水治理行业的准入条件，提升其行业创造力及行业能力。公私合作（PPP）模式有效地打破社会资金进入公共事业领域的不科学、不合理的行业限制，鼓励国有控股企业、混合所有制企业、民营企业等积极参与其中，给予中小企业更多参与机会，在拓展民间资本发展空间的同时，对市场主体活力及潜力具有重要的推动价值。其次，公司合作（PPP）模式有利于社会存量资本的有效利用，多元化、可持续的公共服务及基础设施建设的资金投入打造了新的动力和方向,有力地促进了辽宁省经济的快速发展。

三是完善辽宁省财政投入和管理方式，提高财政资金使用效益。依据中央和辽宁省相关指导意见，在政府和相关企业合作的情况下，政府通过运营补贴等方式为社会资本提供相应的对价，并将相关的计划纳入政府财政计划和财政预算，以及中期规划和后期财务报告。为当代人和后代人之间公平地分担公共资金投入，建立公平原则，减轻当期财政支出，弥补当期财政不足，为防范及化解政府债务风险做出了重要的贡献。

四是着重解决污水处理问题。辽宁省污水处理面临着水污染严重，污水治理起步晚、基础差、要求高的形势。污水处理项目的建设是城市发展的基础和必备条件，抓好了可以为发展积蓄能量、增添后劲，而建设滞后则可能成为制约城市发展的瓶颈。据资料介绍，美国现在平均每 1 万人就拥有 1 座污水处理厂,英国和德国每 7000~8000 人拥有 1 座污水处理厂。截至 2013 年，辽宁省人口 4328 万人，以国外标准的要求，污水处理能力还不能满足人口增长与经济发展需要。国家推进金融体制改革，推进公私合作模式的发展，放开对基础设施项目建设资金进入的束缚，对公私合作与辽宁污水处理项目投资问题研究显得更加迫切。

2.2 新型城镇化进程中的污水处理项目融资模式探析

2.2.1 市场环境分析

1. 政治环境分析

我国在 20 世纪 60 年代以前实施无偿供水模式，这种模式一直持续到 20 世纪 80 年代。在 1994 年，我国国务院颁布了《城市供水条例》，此条例明确规定“城市供水价格应按照生活用水保本微利、生产和经营用水合理计价的原则来制定”，我国的水费价格出现了一定程度的增长，但是税务企业的供水依旧离不开政府的供给和补贴。1998年，我国又出台了《城市供水价格管理办法》，全国大中型城市的平均水价从0.14元/m³增至1.26元/m³，接近于之前的10倍，由此可以看出，我国水务产业市场自20世纪80年代以来发生了巨大变化，政府从高昂的供水成本、捉襟见肘的地方财政问题中总结经验，开始探索和尝试适合我国国情的供水模式以及基础公共事业项目建设的投融资渠道。十六届三中全会，中国公共事业（包括城市水业）明确对外开放，要求引进市场竞争机制，放开市场准入制度；2003年，我国通过了《中华人民共和国行政许可法》，这对我国水务产业的运行具有重要的意义和价值，特许经营制度成为我国城市水务市场改革的重要政策保障措施。这几项制度的出台，对我国水务产业的影响是划时代的，这些措施直接或间接地影响我国水务产业的市场环境。近年来，各地方政府根据各地特色也相继出台了《特许经营办法》，地方政策的出台进一步促进公共服务事业的市场化运营。在我国“十二五”规划中，对产业发展结构调整，节能减排目标的完成，落后产能的淘汰，污染物的排放减少等方面的环境问题和技术问题也做出了明确的要求。2011年以来，其他相关规范和政策也相继出台，可以看出我国对环境发展、经济发展可持续性问题的关注日渐加深，对水处理及水务基础设施的改造、污水处理等方面的投资和关注都在不断加强。

2. 经济环境分析

全球巨大的资本市场也逐渐被我国巨大的公共事业领域所吸引。国际金融机构，例如，以世界银行、亚洲开发银行为代表对我国的水务市场化改革起到了积极的促进作用。国际金融组织通过提供贷款等多种金融化方式在我国公共事业领域大力对公私合营的（PPP）模式进行推广。水资源作为一种不可替代的资源产品，是一种极其重要的资源产业。中国的人口规模和水资源分布，决定了我国目前的水资源紧张，这种紧张为水务产业和其他投资商提供了巨大的投资规模。据有关资料统计，中国未来水务产业的市场规模将达到一万亿元以上。我国水务市场改革以来，我国政府也在城镇供水、污水处理行业，充分利用外资、民营及其他社会资金，推行特许经营制度、加快事业单位转制加强了关注力度。

3. 社会环境分析

伴随卫生标准和全球范围内环保意识的加强，人们对水务产品相关设施的服务水平和质量也提出了更高的要求，水务产业设施中的污水处理设施在该领域显得尤为重要和突出。与此同时，人们的健康意识和环保意识也在不断提升，这些社会因素无形中都推进了污水处理行业的发展。人们节约环保意识的增强，对相应部门污水处理，循环利用，优质水源的要求也在加强，但是通常情况下，人们认为水务行业作为一种公益事业、社会福利性质的产业，对水价的提升，污水处理的收费也产生了争议。其次，由于长期低水价的优惠政策，在不同程度上导致市民的浪费现象存在一定的惯性，造成水资源污染和浪费的增多，这些因素的存在都在影响污水处理行业公私合作（PPP）模式的发展。

4. 自然环境分析

中国是一个缺水严重的国家，虽然我国淡水资源占全球水资源的 6%，居世界第四位，仅次于巴西、俄罗斯和加拿大，但是人均占有量只有 2300m^3，我国现实可利用的淡水资源量仅为 11000 亿 m^3 左右，人均可利用水资源量约为 900m^3，仅为世界平均水平的四分之一、美国的五分之一，是全球 13 个人均水资源最贫乏的国家之一，在世界上排名第 121 位。

与此同时，我国水资源也存在着不平衡的问题。我国水资源分布存在两个主要的特征：第一，从区域分布的角度上存在水土资源不相匹配的特征。我国长江流域及以南地区占我国国土面积的 36.5%，但是水资源量却占全国水资源总量的 81%；与此相反，我国淮河流域及其以北地区占全国国土面积的 63.5%，但是水资源量却仅占总量的 19%。第二，年内年际分配不匀，旱涝灾害频繁出现。中国的大部分地区存在连续洋水或连续枯水的问题，有的地区全年降水量的 70% 仅仅在一年的四个月内。其他月份却是常年的干旱。具体可见表 2–1。

2006~2011 我国城市供水用水情况一览表 表 2–1

年份	城市年末自来水生产能力（万吨 / 日）	用水总量（亿立方米）	城市用水人口（万人）	城市人均用水量（升）
2006	26961.6	5795	32303.1	188.3
2007	25708.4	5818.7	34766.5	178.4
2008	26604.1	5910	35086.7	178.2
2009	27046.8	5965.2	36214.2	176.6
2010	13800.75	6022	38156.7	171.4
2011	13334.35	6080	39691.3	170.9

资料来源：中国经济网统计数据整理。

此外，我国水资源利用率低，污染严重，无论是工业用水还是农业用水，我国水资源的利用效益都低于国际平均水平。并且各种工业废水和城市生活废水排放方式粗放，严重影响了主要流域的水质，使我国水污染程度有越发严重趋势。随着城市人口日益增多，城市化进程日益加剧，城市生活污水的排放量也严重影响着城市周边的水域。我国目前已进入水环境污染的高发期，越来越多的水环境污染事件，对本已紧缺的水资源来说无疑是雪上加霜。

2.2.2 主要融资模式分析

1. 污水处理项目引入融资模式的优势

在我国当前加大基础设施建设的战略规划下，连续几年国民经济得到了稳定且高速的增长，但与此同时基础建设项目投资缺口依旧极其突出，所以我国近几年连续发行国债的数额到达了 1000 亿 ~2000 亿元的巨大规模。通过近年的实践充分证明了仅依靠政府财政投资和民间资本运用债权融资本的模式势必造成政府财政赤字进一步扩大的风险。近年来随着环境可持续发展的推广，国家对水处理的关注度也在不断提升，水处理属于专业性强、项目建设运营复杂的项目，具备完善的融资及管理模式对水处理工程项目的组织实施起着极为重要的作用，对水处理工程建设项目融资模式的研究，对提高水处理项目的建设水平，解决水处理厂的资金问题，对水处理厂的正常运行和水污染的有效控制具有重要意义。一是开拓水处理建设的多元化融资途径，确保国家财政资金投向真正需要政府投资的水处理项目。二是促进水处理项目建设管理体制的改革，提高水利项目经营效果。三是促进水处理项目管理学科的形成发展，促使一些新的管理学科如项目融资技术、融资工程学、风险管理等的形成和发展，从而促进整个水处理管理科学的进步。在水处理项目中，运用的主要融资模式有 PPP/BOT 模式、ABS 模式以及 PFI 模式。

2. PPP 模式理论

PPP（Public-Private-Partnership）即公私合作伙伴关系或公司合作制，是指为了提供某种公共物品或服务，政府与私人部门形成一种伙伴式的合作关系，它以特许权协议为基础，通过合同来明确双方的权利和义务。这种现代投融资模式是以各参与方“双赢”或“多赢”为合作理念的，可以使政府部门和私人部门都能够充分发挥各自的优势，还可以使民营资本更多地参与项目，提高效率，降低风险。

PPP 模式是一系列项目融资模式的总称，包含 BOT、TOT、DBFO 等多种模式，在水处理项目中，最常用的是 BOT 模式。BOT（Build-Operate-Transfer）即“建设 - 经营 - 转让”。PPP 模式是政府将项目的特许经营权通过协议或者其他有效形式授权给承包商，由承包商在特许期期限内对项目的融资、设计、建设和运营进行管理。同时规定在项目的特许期内，承包商拥有对项目进行投资建造的所有权，并允许向提供相应设施的使用者收取一定的费用和资金，来收回前期投资、运营费用并盈利；在特许期结束后，承包商将项目所有权无偿地移交给政府。PPP 模式实质上是一种政府和承包商进行合作的运营模式，其特点主要可以概括为如下几个方面：第一，无追索或有限追索权，项目举债不计入国家外债，只能靠项目的现金流量偿还债务；第二，承包商承担了项目全部风险，这种情况下项目的融资成本较高；第三，承包商在特许期内拥有对 PPP 项目的所有权和经营权；第四，PPP 项目设计、建设和运营的效率一般较高；第五，融资项目并不计入承包商的资产负债表。以成都市第六水厂为例，成都市第六水厂是 1997 年由原国家计委批复的我国首例城市污水再处理的 BOT 试点，成为我国最早实施 BOT 模式进行投融资的水务企业，法国通用水务联合集团（现称威立雅集团）以运营期 1.27 元 /m^3 的低水价中标，成都市政府与法国通用水务联合集团签署我国第一个城市供水 BOT 项目协议“特许权协议”。此后，BOT 投融资模式被各地所喜爱，作为水务市场化改革的重要模式，在我国水务产业中得到了广泛应用。

BOT 方式作为一种国际流行的投融资方式及我国水务项目建设的首选模式，在建设中引入了外资或民间资金，减少了政府对项目的财政支出，用 BOT 方式进行水处理项目有以下优越性：

一是减少项目的投资风险及政府的财政困难问题。BOT 模式是由投资人通过项目，以项目融资方式筹措项目的建设资金，政府和其他机构并不提供偿债担保，在不增加其债务的情况下，利用社会民间资金或国外投资进行项目的设计、建设和运营工作。这种投融资模式在减轻政府直接财政负担的同时，还有效地缓解了经济社会发展过程中资金短缺的问题。同时，项目的建设、运营风险由投资人承担，投资人可按一定风险承担原则，将风险科学合理地进行分散，有效地增加项目成功的几率，减少了项目可能造成的政府风险问题。

二是先进技术和管理理念的引进。政府在引进民间资本和外资的同时，可以有效地吸收借鉴其先进的经验和方法。其次，目前我国 BOT 方式的融资方向主要针对有投融资能力和项目管理经验的大公司，所以在引进其资金的同时，也引进了先进的技术和管理经验。

三是项目建设和运营质量的有效保障。采用BOT方式的项目投资人不仅进行了项目的建设，而且在特许期内对项目进行经营管理活动，需要依靠项目运营来回收投资并盈利。因此，投资人需要对项目的整个生命周期内的运营活动负责，并积极进行项目的建设和经营管理，从而提高项目的投资收益。严格的管控同时也确保工程质量、二期的按时完成等问题。

四是促进国内水处理行业的产业改革。采用BOT方式在吸引外资和国内民间资本进入我国污水处理领域的同时，增强企业经营意识，达到项目成本降低、水平提升等方面的作业。对于企业而言，提高了企业的生产效率和服务质量，增强企业自我发展及投资者的吸引，从根本上解决企业建设投资不足的困难。

3. ABS模式理论

ABS（Asset-Backed-Securities）是以项目所属资产为支撑的证券化融资模式。它是以项目所拥有的资产为基础，以该项目资产可以带来的预期收益为保证，通过在资本市场上发行债券筹集资金的一种项目融资方式。ABS项目融资中原始权益人将缺乏流动性，但是这种方式将未来收入的资产集中，重新构造并转化为资本市场的可供流通和销售的金融资产。证券化其本质是将贷款或应收账款转化为可以转换的工具，将流动性较差的金融资产根据信用质量、偿还期和利率特征整理成新的资产组合，出售给为这一交易的特设信托机构（SPV），并由SPV发行资产并做担保而达到收回购买资金的目标。

首先，ABS融资是一种非公司负债型融资方式，它不反映在污水处理项目原始权益人的资产负债表上，不影响其他传统融资方式，使项目公司以有限的财产从事更多的投资成为可能。在ABS交易中，其原始权益人与SPV之间是真实的交易，即便其预期的现金流不能补偿投资者的本息，原始权益人也不受追索，所以ABS模式不形成外债。同时，投资者虽没有股权，也不拥有投票参与决策权，但由于其收益安全与资产服务人（一般为原始权益人）的资产管理密不可分，所以他们会密切关注项目的经营情况，无行中促进了项目的监管水平。

其次，ABS模式是一种低成本的项目投融资模式。ABS模式在进行信用评级时，评级机构主要考虑现金流的质量及交易结构的安全性等问题。与原始权益人自身的信用等级并无关联，由于SPV自身的资信等级很高，从而使低信用等级的企业进入高信用等级的资本市场中。

BOT操作复杂，难度大，环节多，融资成本因中间环节多而增高。与之相比，ABS模式中间环节较少，只涉及原始权益人、信托机构SPV、投资者、证券承销商等几个主体，操作简单，债息率较低，成本也低。这种方式降低了水处理项目的融资风险，分散了投资风险。

再次，ABS 的安全性可以通过信用增级得到提高。第一，高信用等级的 SPV 受让原始权益人的污水处理项目资产，使 ABS 融资风险与未来资金收入关联，从而提高其信用级别；第二，高信用等级的金融担保公司为 SPV 按期支付本息提供了有力的担保，使得 ABS 项目的信用级别达到了金融担保公司的标准。

最后，ABS 模式可以提升借款者的能力。与 BOT 等模式相比较，资产证券化模式所涉及的机构较少，有效地减少了酬金、差价等一系列中间费用问题，使融资成本得到有效的降低，所以污水处理项目其借款者可以更大限度地提升其借款能力。

4. PFI 模式理论

PFI（Private Finance Initiative），即私人融资活动，在我国通常被译为“民间主动融资”。PFI 模式是由英国政府首先提出，在西方发达国家逐步兴起的一种新的基础设施投资、建设和运营的管理模式。PFI 模式是 BOT 模式的一种衍生模式，都经历建设 - 经营 - 移交的过程，但相对 BOT 模式而言，PFI 模式更为优化，它是指由政府部门提出项目建设需要，由获得特许权的私营部口进行项目的建设、运营，并在特许期（一般为 30 年左右）结束时，将所经营的项目所有权归还政府，而投资者依靠从政府部门或接受服务方，收取费用来回收成本的项目融资方式。

用 PFI 方式进行处理项目有以下优越性：

一是 PFI 模式可以有效地缓解财政不足的问题。首先，PFI 项目的资金主要来源于私营部门和非官方的其他投资者的资金，政府在完工后采取分期的方式支付成本费用资金，有力地缓解了 PPP 项目建设的政府财政压力；其次，对政府部门而言可以减少其开发过程中的管理和控制问题，对于无形投入达到了有效控制，使其更有精力参与其他公共事业项目的建设规划。

二是 PFI 模式进行污水处理项目建设，有效地提高项目的建设及运行效率。传统的政府直接进行投资的污水处理项目，对于政府部门而言缺乏有力的投资竞争和破产风险的激励机制，导致其动力不足产生诸如投资成本高、亏损严重、效益差、水供给质量低下等一系列后续问题。对于私营企业而言，出于自身利益考虑，必须按照市场经济法则办事，例如项目在前期就会进行项目的经济技术可行性分析、预期需求量及投资回报率等重要问题研究；在开发和运营阶段则会引入科学的管理方法和先进技术，从而达到提高建设速度、质量及经营管理水平等目标。这些措施都使私营企业投入的开发成本低于传统方式由政府进行开发的成本，使项目建设运行实现了高效率、高产出的要求。

三是PFI模式有效的分担了项目建设运营的风险。污水处理项目投资额大，运营周期长的特征，决定了项目所涉及的项目参与主体众多的特征，进而导致其风险大，难以控制等问题。所以采用PFI方式进行项目的建设，是由私营企业建设和运营，可将项目的一部分风险转移给PFI公司，减少政府所要承担的风险等问题。

四是PFI模式有效地转变了政府的角色。政府部门由最初的采购者变为服务者。政府的角色变为指导私营企业按照协议提供其规定的物品和服务，但对采购措施及方法不做具体的规定和限制。对于项目公司而言，可以通过污水处理项目的特点，结合其项目公司自身的情况，灵活地进行项目的设计、建造和经营工作。政府则需要监控私营企业所提供的最终服务是否达到了列明的要求而决定付费。此时的付费则是根据服务所进行的有效的买卖活动。

总而言之，PFI源于BOT，二者都涉及项目的“建设-经营-移交”问题，但特许权期间，政府仍拥有对项目的所有权或经营权。PFI与BOT模式的区别主要可以概括为以下几点：第一，任务目标不同。BOT模式向政府提交具体工程，而PFI模式只需要提出具体功能目标，不是具体的项目。PFI模式合同对实现目标产品的方式不做具体的说明和要求，但是对最终产品有明确的定义。第二,项目适用范围的差异。BOT模式适合于收益率较高的基础设施建设，不适宜社会公益性项目的建设，而PFI模式对收益高的基础设施建设适宜，对公共事业项目也适宜。第三，项目主体不同。BOT模式其主体为非政府机构的私营企业或者是外国公司等，其范围较广；而PFI的项目主体通常为本国民营企业的组合。第四,PFI模式相对于BOT模式来说,对项目实施开放式管理,灵活性更强。第五，在合同期满后，BOT模式需要移交政府，而PFI模式可根据合同约定来处理项目运营权，处理方式灵活。

2.3 PPP模式在新型城镇进程中的污水处理项目的运作方式和流程

2.3.1 项目的主要参与主体和职责

污水处理PPP项目模式运作中，利益主体包括政府、社会资本、项目公司、金融机构、咨询公司、承包商及供应商等。

1. 政府

政府部门（政府或者政府授权的部门）通常是PPP项目的发起人，通过给予项目某些特许经营权和给予项目一定数额的从属性贷款或贷款担保作为项目建设、开发和融资安排的支持。政府需要对项目的可行性进行分析，并组织项目招标，对投标的私营企业进行综合权衡，确定最终的项目开发主体。如在污水处理项目中，政府部门确保项目公司在整个特许经营期内无偿使用污水处理厂场地范围内的土地，并且协助项目公司获得法律许可的与履行项目协议相关的税收和电价优惠等，给予了项目公司强有力的支持，为项目的成功打下了良好的基础。

2. 社会资本

代表政府的股权投资机构与社会资本合作成立公私合作（PPP）项目公司，投入股本形成公司权益资本。由于公私合作（PPP）项目的资金规模巨大、周期长等原因，政府部门在选择社会资本的时候往往比较慎重，所以则需社会资本具有良好的信誉和雄厚的资金实力。私营企业作为项目的发起人，负责对项目成员的招募。投标前，各成员联合建立项目公司以合同形式确定各成员的出资比例及出资形式等方面的问题，并推选成员成立项目的领导小组，对项目进行负责和完成项目的注册工作。参与公私合作（PPP）污水处理的企业一般都具有雄厚的实力。

3. 项目公司

项目公司是为PPP项目的建设以及运营而专门设立的公司，由政府和社会资本联合组成。项目公司是PPP项目的实施者，从政府或授权机构获得建设和经营项目的特许权，对项目从设计、投资、建设、运营及最后的移交等进行全过程的负责。PPP项目公司对整个项目的负责从正式注册成立后开始。项目特许期结束，经营权或所有权转移时，PPP项目公司清算解散。在项目运作的过程中，项目公司的责任主要包括:投标、开发、运营、移交、监管等方面。如项目公司对污水处理厂进行投融资、设计、建设，并在特许经营期内，按照特许权协议的条款对污水处理厂进行运营、维护和修理。在特许运营期结束后，项目公司将污水处理厂的资产移交给政府，并保证项目设施的性能符合协议中规定的性能标准。

4. 银行等金融机构

在PPP模式下，向项目提供贷款的银行主要是国际金融机构、商业银行、信托投资机构等。PPP项目的成功实施其资金来源包括私营企业、政府的投资，但是都较少，其资金主要来源是银行和金融机构，且拥有较长的贷款期限。银行和金融机构保障资金的顺利回收，项目的贷款人需要提供项目公司的履约保函或担保函，避免开发和运营可能存在的风险问题，带来不必要的损失。与此同时，项目贷款人为了保障项目贷款的安全性，要求PPP项目公司质押其在银行的相应账户，例如基本账户、还款账户、营业收入账户等。

5. 咨询公司

由于PPP项目运作参与合作者众多、资金结构复杂、项目开发期较长、风险较大，因此在项目的全寿命期内都需要咨询公司的介入，指导项目的运作。咨询公司在PPP项目中的主要工作包括组织尽职调查、设计基础设施PPP项目方案，设计项目交易结构和招商程序，设定边界条件、遴选标准等，建立财务模型并进行商业预测分析，编制招商文件，组织实施招标或竞争性谈判等公开竞争性招商程序，参与商务谈判及协助签订项目特许经营协议等。

除了上述的利害关系者以外，设计单位、保险公司、运营公司、建设单位、材料供应商等也都在PPP模式运作过程中发挥着重要的作用，他们与PPP公司和各合作方的协调和密切配合是项目成功的重要因素。

下面举例说明各参与主体在水处理PPP工程项目中的参与方式，图2-1为寻乌县太湖水库工程PPP项目各主要参与主体的参与方式。

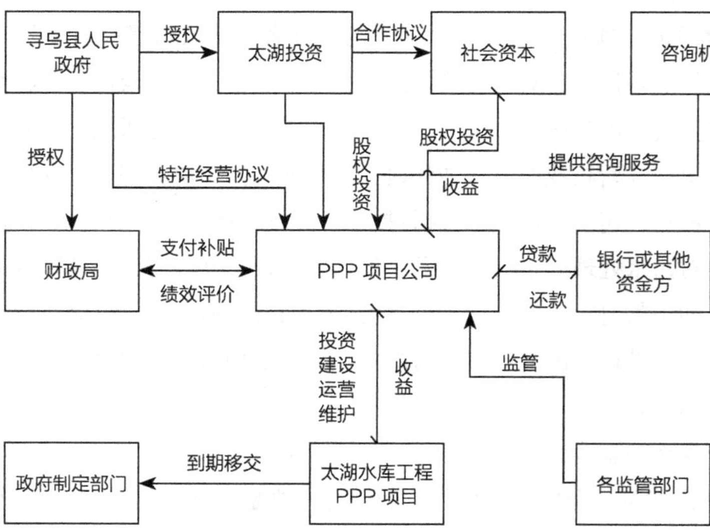

图2-1　寻乌县太湖水库工程PPP项目各主要参与主体的参与方式图

2.3.2 项目 PPP 运作模式

1. PPP 运作模式选择的影响因素分析

PPP 有广义和狭义之分，这里所说的 PPP 是指狭义的 PPP，是对一系列模式的综称。污水处理项目投资模式就是指在污水处理项目投资过程中可采用的标准的投资模式。在污水处理项目投资的过程中，最能吸引投资主体的就是污水处理项目的收益。因此，具有不同收益性的节能改造项目也会与不同的投资模式相对应（表 2-2）。

投资模式的比较　　表 2-2

投资方式		具体内容
股票融资	私募股权融资	私募股权投资是指以非公开方式向潜在的投资者筹资股权资本的行为
	新股发行	上市公司首次公开发行股票募集资本，简称 IPO
	股权再融资	上市公司初始融资以后的融资行为统称为再融资。再融资通过资本市场以股权的形式直接获得，就是股权再融资
长期债务融资	长期借款融资	长期借款是指公司向银行、非银行机构和其他单位借入的、期限在一年以上的借款。主要用于构建固定资产和满足长期流动资产占用的需要
	公司债券融资	公司依照法律程序发行，承诺按约定的日期支付利息和本金的一种债务凭证
租赁融资	经营租赁	经营租赁也称服务租赁，它是与租赁资产所有权相关的风险与收益在租赁期内不发生转移的一种租赁方式
	融资租赁	融资租赁又称资本租赁，它是与租赁资产所有权相关的风险与收益在租赁业务发生时，由出租方转移至承租方的租赁方式
短期融资	商业信用	商业信用是指商品在交易中以延期付款或预收货款的方式购销而形成的借贷关系，它是公司间直接的信用行为
	短期银行借款	短期银行借款是指公司向银行和非银行金融机构借入的期限在一年以内的借款，主要用于满足公司生产周转资金需求
	短期融资券	短期融资券又称商业票据、短期债券，是一种新型的短期融资方式。它是由大型工商企业发行的无担保票据，主要销售对象是其他企业、机构投资者和银行

2. PPP 运作模式选择的影响因素

影响 PPP 项目运行成功的因素是多方面的，例如收益方式、回报机制、风险结构、政策法规、融资需求等方面的因素，PPP 模式类型区别的关键是所有权的划拨，因此需要找出影响 PPP 项目所有权配置的影响因素，便可以判断选择不同类型的 PPP 项目的具有运作模式的选择。PPP 运作模式的选择大体上可以概括为四个方面的因素：收益方式、项目领域、物有所值（VFM）、特许经营期。

3. 影响因素对 PPP 模式的选择

（1）PPP 运作模式选择与项目领域

对于不同的 PPP 项目运行模式选择可从项目的独立性、竞争性和投资规模三个因素进行分析。

1）独立性。独立性较弱的项目适宜采用 BOT 模式，独立性较强的项目可采用 BOOT 模式或 BOO 模式。例如，供水项目必须保证其稳定的运营，如果运营不畅将会对生产和生活造成较大影响。所以，政府必须在经营期内拥有所有权，才能保证其稳定地为社会提供服务，防止因项目抵押等方面的问题对项目造成风险。例如，停车场、文化场馆、福利机构医院、学校等领域的 PPP 项目，其经营对其他机构的经营活动并不会造成影响，即独立性较强，政府放弃所有权并不会对社会稳定和经济发展造成较大的影响和风险。因此，政府可以考虑采用 BOOT 模式或 BOO 模式，刺激社会资本的投资热情，采用更加先进的技术和管理方法，提高公共服务的质量和规模。

2）竞争性。竞争性较弱的项目适宜采用 BOT 模式，竞争性较强的项目可采用 BOOT 模式或 BOO 模式。水处理 PPP 项目隶属关系明确，且服务对象单一，收益情况稳定，对项目公司的经营能力要求较低，技术水平要求较高，这类项目通常没有与其相竞争的其他项目，政府对水处理 PPP 项目依赖性更强，通常会拥有项目的所有权。

3）投资规模。对于投资规模较大的 PPP 项目，政府应该拥有其所有权，而对于投资规模较小的 PPP 项目，政府可以在一定范围内放弃所有权。也就是说，BOT 模式更适合大型 PPP 项目，而 BOOT 模式则侧重于中型 PPP 项目，BOO 模式侧重于小型 PPP 项目。对于规模较大的 PPP 项目来说，通常其影响也较大，要求投资者具有更高的融资能力，如果将这类项目的所有权给项目公司，对政府而言存在较大的风险，所以政府应该拥有其所有权，即采用 BOT 模式；反之，如果是投资规模小的项目通常其影响也较小，对项目公司的融资能力也比较低，所以政府可以放弃所有权，其风险也不会太大，因此，选择 BOOT 模式、BOO 模式比较合适。

（2）PPP 运作模式选择与收益方式

在 PPP 项目中，项目公司的收入来源主要有三种方式，第一种是使用者付费方式，通常用于可经营性系数较高、财务效益良好、直接向终端用户，即市民提供服务的公共服务类项目，例如市政供水等 PPP 项目；第二种是以政府付费方式运营的项目，这类公共服务类项目并不直接向终端用户提供服务，例如市政污水处理厂 PPP 项目等，或者是环保型，不具有收益的基础建设项目，例如河道整治等;第三种是可行性缺口补贴（VGF）方式运行的 PPP 项目，主要包括可经营性系数较低、直接向终端用户提供服务、财务效益欠佳、收费无法覆盖投资、运营回报的基础设施项目，例如医院、学校、文化及体育场馆、保障性住房、交通流量不足的收费公路等。

PPP 项目的三种收益方式反映项目公司的经营自主性是不同的，由低到高依次是政府付费方式、VGF 方式和使用者付费方式。对于政府付费项目，项目公司只需按照合同的规定项目建设、运营，并确保服务质量以及服务水平等问题，无须担心其收益问题；对于使用者付费的 PPP 项目而言，项目公司不仅需要负责项目建设、运营工作，还需要负责项目的宣传、营销等方面工作，收益不确定性较高；对于 VGF 项目而言，其部分收入来源于政府，具有稳定性，但是另一部分收入则来源于对消费者提供服务而收取的费用，具有不稳定性。所以，项目公司承担风险，就政府付费项目而言其风险最低，VGF 项目风险居中，使用者付费项目风险最大。在不同的 PPP 项目中，公私合作双方的权利和责任各不相同。但主要的本质问题体现在所有权的归属上，所有权归属问题对 PPP 项目私有化程度的影响，其收益方式只能表明项目公司在收益方面的自主能力，不同收益方式的选择可以达到对公共部门和私营企业权责的分配，即收益方式对项目私有化程度的影响是极其有限的。

如果项目公司拥有项目最终所有权，就必须在特许经营期内能够了解收益情况，做好运营期的市场竞争准备，所以政府将增加其收益的自主能力，在特许经营期内给予项目公司一定的收益权；在政府拥有最终所有权的情况下，并不存在这种担忧和问题，所以在一定程度上降低了项目公司的收益自主性，并降低了项目运行的风险问题。

（3）PPP 运作模式的特许经营期

特许经营期问题是 PPP 项目中公私合作双方谈判的重要焦点问题，也是构成契约的重点问题。无论合作双方选择的是何种方式的 PPP 模式，都存在特许经营期的问题，特许经营期长短也将直接对公私合作双方的成本费用及收益问题造成一定的影响。对于政府部门而言，特许经营期长，购买服务和监管的成本也将随之升高。所以,对于 PPP 项目公司而言期望更长的特许经营期限，而政府总是希望缩短特许经营期，双方在这一点上存在着矛盾。三种基本模式的特许经营期从小到大依次是BOT、BOOT、BOO，这说明当政府拥有所有权时，更愿意缩短特许经营期，以尽早收回项目经营权，当然这需要提高购买价格或财政补偿，以保障项目公司的收益；当政府放弃项目所有权时，更倾向于延长特许经营期，增加监管的时间。

（4）物有所值（VFM）理论与PPP运作模式的选择

物有所值（VFM）是一种评估和确认方案使用的方法，用于比较项目采用PPP模式或者传统采购模式的优缺点。物有所值理论所考虑的问题便是项目实施全寿命周期的不同方案的风险和成本问题，根据财政部PPP项目操作的相关指南，需要从定性和定量两个不同的方面展开物有所值的评价。其中，定性评价重点注重的是政企合作的模式以及与传统的政府采购方式相比较所产生的供给增加量、提高运营效率、优化风险分配、公平竞争、促进创新等；定量评价方法主要是通过对PPP项目全生命周期内财政支出的净现值与传统政府采购方式下的财政支出净现值进行比较，评比项目的物有所值量，达到判断公私合作模式下是否能够有效降低项目全寿命周期的成本和费用问题。

通过VFM评估所得到的结果一般将作为判断是否采用PPP模式，以及项目进行风险分担的主要依据，根据国内外已有的PPP项目经验，进行VFM评估得到的指标从低到高依次是BOT模式、BOOT模式、BOO模式。所以可以得到这样的判断，如果政府拥有所有权的PPP项目，则VFM指标值相对较低；如果政府放弃所有权的PPP项目，则VFM指标值相对较高。所以说所有权是有价值的，如果政府拥有所有权时，就应该给予项目公司更高的利益和回报，所以VFM值较小。但是当政府放弃项目所有权的时候，政府便可以要求更高的回报或降低对项目公司的财政补偿额，则VFM指标值相对较高。

4. 运用PPP模式的方式选择

政府和社会资本共同出资的模式更适合于项目规模较大、投资回收期长，或者是对于受益群体明确的公益性工程。例如在对于水源工程、引调水工程和灌区工程准公益性项目，由于投资规模大、成本回收期较长等、投资回报率较低等特征，所以项目的建设仅仅依靠社会资本的投资是很难达到目标的，所以最有效的方式是采用社会资本和政府资本共同出资的方式进行运行。一般情况下这种模式可以分为三种不同的方式，第一，由政府和私人企业共同出资建立项目法人；第二，仅依靠社会资本出资参与工程中经营性较强的一部分，其他部分由政府出资；第三，由政府负责骨干工程建设及运营，受益群体共同出资组成股份公司作为项目公司负责配套工程建设运行。

政府通过授权的方式利用BOT、TOT等模式，主要适用于通过水价进行调整从而达到实现合理投资收益的公益性项目。这类项目可以通过收费制度来达到对项目投资回报的预期，同时也是准公益性的项目。

授权特许经营权进行建设运营的项目主要适用于经营性的水利项目。经营性的水利项目主要包括：水电项目、城市工业供水项目等。由于这类项目自身收益较高且收益的持续稳定性特征决定了项目的建设运营对社会资本强有力的吸引力，所以政府应向社会资本完全放开经营性的水利项目市场，政府资金应该做到少介入或不介入，政府应通过授予特许经营权的方式，来推动社会闲散资金进入该领域，而政府资金则可以投资其他社会公益性项目。

政府通过购买服务吸引社会资本达到对项目建设运营的目标的方式主要适用于公益性水利项目。公益性项目主要包括防洪、生态工程项目、除涝等。这些类型的项目一般直接经济效益低、社会效益明显，具有典型的社会公益产品的特点。

2.3.3 项目的运作流程

参照PPP模式一般运作模式，水处理项目PPP融资模式的运作可分为四个阶段：前期分析、成立项目公司、建设运营和移交，见图2-2。

1. 前期分析

根据社会的需求和当前社会经济发展计划的需要等，对水处理项目进行可行性研究，初步规划水处理项目的选址、规模等，同时还应该对项目能否运用PPP模式进行可行性分析，包括项目吸引力，社会资本的风险承受能力等进行综合评估。在确认项目可行以后，政府应该选择合适的社会资本进行PPP项目的合作。

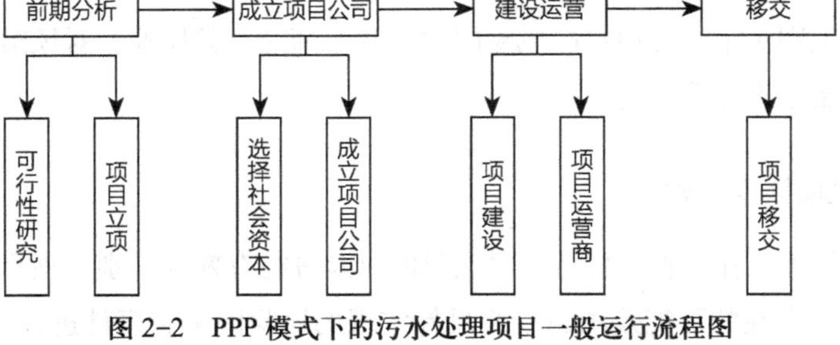

图2-2 PPP模式下的污水处理项目一般运行流程图

2. 成立项目公司

项目公司是 PPP 模式项目实施的具体操作者，由政府和私人或者是政府和私人联合体组成。项目公司取得项目特许经营权后，负责项目的融资、设计、建设、运营及项目最后移交等全过程。成立项目公司的首要任务是选择合适的社会资本作为项目的合作伙伴，合适的社会资本选择是项目成功的重要因素。

3. 建设运营

对项目进行初步融资后，由项目承建方对项目开始建设，随着项目建设的逐步进行，项目公司将根据项目的融资方案展开后序的投融资工作。PPP 项目建成后进入验收阶段，如果其验收合格则将投入使用，这时项目将进入运营期。

从项目开始运营到项目特许经营协议期满，项目公司直接对项目进行运营，或者委托给专业管理公司进行其运营工作的管理。在整个运营期间，PPP 项目公司回收其投资成本并获得适当的利润，根据合同获得的收益将用于贷款归还、分配等。

4. 项目移交

项目移交阶段的主要工作是在项目特许经营期满后进行的，项目公司必须按照特许经营协议中所规定的项目质量将项目移交给政府或其他机构。项目运营阶段，由项目公司负责，这期间项目公司在收回成本的同时获得了合理的利润，所以项目移交一般是无偿移交。如项目各方都达到了满意的效益，公私部门可以谈判协商，继续签订运营管理协议。对于项目公司的清算，根据项目公司与政府签订的协议不同，可以对项目公司进行清算，也可不清算。

2.4 新型城镇化进程中的辽宁省污水处理项目融资风险分析

污水处理的 PPP 融资由于投资金额大，参与方众多等原因，常常导致其融资结构的复杂性，所以污水处理项目正在其建设运营阶段面临许多风险因素的影响。识别污水处理项目的风险因素，并合理应对其风险，对风险进行有效管理和控制是十分重要的。

2.4.1 风险因素识别

风险管理工作其首要任务是对项目的风险进行有效的识别。项目风险识别是指对项目潜在的可能及项目最终目标实现的风险因素和事件进行全面预测、归类和分析，并辨别其诱发风险事件的风险因素，最终达到进行有效控制的目标。水处理项目应用 PPP 模式采用 WBS 能将风险识别的更全面，不容易遗漏风险因素。

1. 基于 WBS 的风险因素识别

基于 WBS 方法的水处理工程的风险识别运用 WBS 方法对其风险进行识别，对每一个分项工程按照风险源进行分解，可以做到层次清晰、结构明确，能够把每一个分项工程的风险考虑到。将水处理项目进行 WBS 分解，结果如图 2-3 所示：

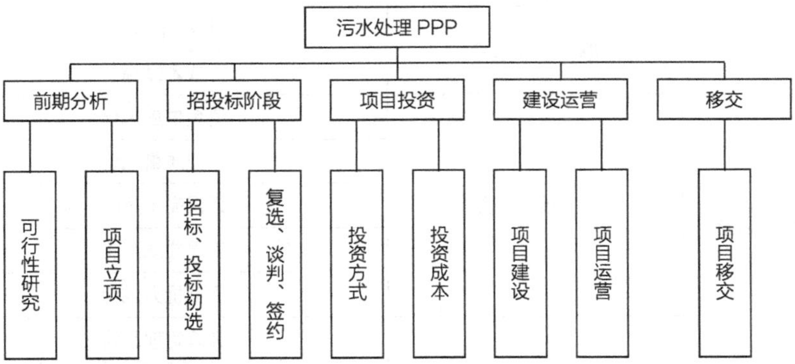

图 2-3 水处理项目 PPP 模式运行 WBS 分解图

WBS 工作结构分解可以按项目的结构识别项目的风险，但是项目还需要注意其整体的风险因素。项目的结构风险是针对项目的具体工作所确定的，由于项目特点的不同，其所面临的风险也存在差距，这是项目的非系统风险；其整体风险则存在于项目的整个阶段，是每个作为市场主体都应该面对的风险问题，这是项目的系统风险。综合 WBS 工作结构分解和项目整体的风险考虑，污水处理 PPP 项目其主要风险因素分解结果如图 2-4 所示：

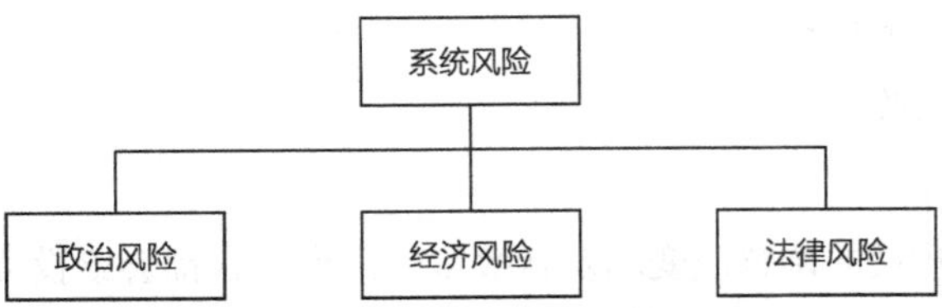

图 2-4 水处理项目 PPP 模式风险分解图

在 WBS 工作结构分解的基础上，城市再生水项目 PPP 融资模式的非系统风险分解见表 2–3。

城市再生水项目 PPP 模式非系统风险分解图 **表 2–3**

	一级风险	二级风险
非系统风险	项目前期风险	项目决策风险
		项目审批风险
		规划设计风险
	招投标风险	竞争不充分
		中标者能力不足
	融资阶段风险	结构不合理
		成本过高
	建设阶段风险	资金供应风险
		工程质量风险
		延误完工风险
		工程成本超支
		不可抗力风险
	运营阶段风险	经营管理风险
		配套管网设施
		市场收益风险
		水质水量变化
		价格设置调整
		风险分担风险
	移交阶段风险	项目残值风险
	多阶段风险	合同风险

分解的风险是根据风险产生的阶段来划分，但有的风险存在项目整个阶段或者大部分阶段如合同风险，该风险可能存在整个过程。

2. 各风险因素解释

（1）系统风险

1）政策风险

政府相关政策的调整或变动及新政策的出台等，都会给投资项目带来一定风险。

2）经济风险

PPP 污水处理项目的经济风险主要可以概括为利率风险和通货膨胀两个方面。首先，由于水处理项目周期长的原因，在此期间银行利率的变化可能性大，且资金占用量大，银行利率的变动对项目影响较大，将增加项目的成本，减少项目的收益，甚至影响项目成败。再次，与利率风险因素相类似的是项目在长时间的运营过程中，可能由于国家经济环境的改变，造成货币的贬值，从而增加项目的投资和运营成本，可能存在使项目投资者按特许权经营协议规定的内容在特许经营期间经营无法收回投资成本的风险。

3）法律风险

PPP 污水处理项目的法律风险主要可以概括为三个方面：

①法律法规体系不完善风险：我国现阶段关于 PPP 融资模式的法律体系依旧有待完善，可能存在与现有法律法规相冲突的部分，或者在具体实践中可能存在无法可依的情况，继而对项目运营造成阻碍。

②立法变更风险：政府及公共部门对某些法规或政策会根据社会环境进行一定的调整，这些调整将会让项目已获得的优惠、支持政策得不到实施，从而造成项目成本增加，收益下降，甚至造成项目无法继续运营的风险。

③税收变更风险：项目有关税收政策的变化也会增加项目成本或影响减免税待遇，这种风险与立法变更风险极其类似。PPP 项目在建立时在项目给予的税收优惠政策基础上，这种变化同样也会造成项目成本的增加。

4）水质标准变更风险

水处理的水质必须符合相关规范及标准，如政府有关机构制定了提高水处理的水质标准的有关法规，势必要求更新处理设备和技术，增加流程成本，使得项目公司收益降低。

（2）非系统风险

1）项目前期风险

项目的前期风险主要可以归纳为三个方面：

①项目决策风险：由于公共部门对污水处理 PPP 项目的运营经验是有限的，其在项目具体操作中可能存在准备不足、信息不对称、方法不恰当等方面的问题，从而导致项目决策时间长，决策失误等现象，致使项目错过最佳建设时段。

②项目审批风险：项目相关行政流程和审批程序的复杂性决定了在项目审批过程会消耗较多的时间和资金。

③项目规划设计风险：对项目应该有科学的规划，既要有现实性也要有前瞻性，如果项目存在规划缺陷不仅可能会导致建设成本增加，也可能造成后期运营成本增加。

2）招投标阶段风险

招投标阶段的风险主要包括投标竞争不充分和特许经营人能力不足的风险。

3）投融资阶段风险

投融资阶段的风险主要可以概括为两个方面：融资结构不合理和融资成本过高。

4）建设阶段风险

建设阶段的风险包括五个方面：①资金供应风险；②工程质量风险；③工期延误 / 完工风险；④工程成本超支风险；⑤不可抗力风险。

5）运营阶段风险

①经营管理风险，指项目在运营维护过程中由于市场、技术等因素引起的风险。该种风险与投资者对项目经营管理能力有关。

②配套管网等基础设施建设风险，污水处理项目对市政管网等基础设施具有极强的依靠性，市政管网的建设是污水处理项目成功实施的关键。只有完善管网配套，才能保证项目运行，实现收益目标。

③市场收益的风险，在项目的运行过程中，当市场需求无法满足其预定业务量，或污水处理市场污水处理量发生变化时，其预测的需求量与市场实际需求量产生差别引发的风险。

④水质与水量变化风险，水质指出水水质。如果处理的出水水质不稳定、水质标准达不到预定的要求或污水厂无法正常运行，将直接影响项目的政策运营。

⑤价格设置调整风险，价格设置过高影响水处理的推广使用，损害政府的信用；价格设置过低将损害投资者投资效益，影响投资者利益。

⑥风险分担不合理，污水处理 PPP 项目成功实施的一个关键因素便是项目风险的合理分担。风险分担不合理影响私人部门投资积极性的同时，还可能造成承担者无法承担的风险，从而引发项目的失败。

6）项目移交的风险

项目移交风险是指项目的实际价值并不能满足日后的运营工作。由于 PPP 项目的合同时间长，运营和维护不当极易产生价值不足的现象。

7）多阶段的风险

PPP 项目的运作是以合同为基础的，特许经营协议是整个项目合同的核心，规定了投资及收益。但是由于某些具体的权益谈判中没有或因合同存在冲突，造成一些合同条款失去效力。

2.4.2 部分风险的原因分析

1. 部分系统风险的原因分析

政策风险和市场环境等因素。例如，我国现阶段 PPP 融资模式的应用还处在发展阶段，对许多突发事件难以预期。PPP 项目特许期一般都比较长，该期间法律法规、许多税收政策以及水处理标准都有可能调整。

2. 部分非系统风险的原因分析

水处理项目应用 PPP 模式融资的运营经验有限，部分审批程序较复杂，可能会使项目延期错过项目建设的最佳时间；没有科学的规划，现实性与前瞻性不兼顾。

该风险十分重要，它关系着运营商在特许期内的实际运营时间，进而决定了其投资收益。出现原因可能是资金不到位导致材料、设备不能及时供应，也可能是前期规划设计勘察有误或者遇见太多阴雨天气，与预期相差很大。

在技术风险方面，水处理项目有严格的技术工艺及参数要求，且水处理是一个动态的过程，进水水量的变化、进水水质的变化、污水处理设备工况的优劣、工艺技术的调整等多重因素共同影响污水处理后的质量。

在管理风险方面，项目投资者管理团队的管理能力、管理经验、工人素质、劳动积极性、项目合同条款是否完备、指令的执行力等都会直接或间接地影响项目收益，这对于新进入水处理业的投资者来说，管理风险尤其重要。

对于政府移交投资人——移交内容与转让协议规定不符。PPP 融资模式项目往往是大型工程项目，待移交资产众多，投资者在移交过程中往往只关注主要资产，而对于一些附件、备件或工具等容易疏于考虑，这可能会给项目带来很大的损失。

对于投资人移交政府——待回收资产达不到协议规定要求。由于 PPP 项目所有权并不属于投资者，所以投资者为满足经营期内利润最大化的目标，在经营期末可能存在所谓经营短期化倾向。对项目的技术改造、维护和保养等工作的减少或停止，使最终移交的项目损耗加大，后期使用寿命缩短，使政府收回项目后的经营利润减少。

2.4.3 风险应对的策略

1. 风险承担

一般情况下，污水处理 PPP 项目风险承担按以下几个方面划分：

一是政治风险、利率风险、运营过程中其他竞争者带来的风险、不能投保的不可抗力风险。

二是在项目公司控制能力范围内的风险由其自身承担，例如特许经营期内的技术风险、管理风险等。

三是设备维护保养、运营安全风险等属于运营商应该承担的风险。项目风险承担通过协议来保障，所以必须做好合同管理工作，以免执行期间可能引发的纠纷问题。

2. 风险转移

风险转移是污水处理 PPP 项目风险应对的主要手段，这种方式将风险的影响和责任通过一定的方式转移给第三方，风险依旧存在，没有消灭。主要有以下几个方面：

一是选择经验丰富的项目运营管理公司对项目进行经营管理工作，同时将部分风险转移给运营管理商，并以一定的报酬作为管理公司承担风险的报酬。

二是对项目进行投保。污水处理 PPP 项目运营周期长、阶段明显的特点决定了在项目实践过程中存在阶段特点分段保险的特征，形成一条项目周期的保险链。对项目投保也是通过支付一定的费用达到的，且其支付费用高。

三是对项目进行担保。污水处理 PPP 项目的担保通常也由政府进行担保。PPP 项目多为公益事业项目，项目的进行需要政府的承担和保障，甚至需要最低担保。

3. 风险减轻

风险减轻是指通过采取预防措施达到降低风险事件的发生概率，或者通过启动应急预案减小风险发生时所造成损失的方式。但是，风险减轻不能完全消除风险，此方法适用于应对发生概率较小的风险，以及利用恰当的方式可以减弱的风险。例如，为预防项目转移阶段存在风险，可在项目正式移交前配相应的管理人员对项目进行参与管理，考察并熟悉其项目环境，可以有效避免风险问题。

4. 风险规避

风险规避是针对无法避免的风险或者应对成本过高的风险而言的，如果当可行性研究结果显示项目未来可能面临巨大的阻碍和风险，其成功实施的可能性不高时，可以决定放弃该项目的实施，重新规划选择其他可行性强的项目。污水处理 PPP 项目的风险规避可以分为以下几个方面：

一是调整项目计划，排除项目可能的高风险来规避风险。这时，需要项目公司进行各参与方对项目的成本、进度和质量影响程度的调查分析。

二是项目各参与方通过加强沟通，确保参与方之间的沟通顺畅来规避风险，信息的准确性和及时性可以有效地规避许多项目风险。

三是可以通过撤销项目来规避风险。撤销是不得已的选择和方式，只有当项目所面临的风险非常严峻困难时才会采用这种方式。在风险处理方式无法奏效的情况下，则可以采用撤销的方式，撤销项目也是有成本的。

相比前面三种风险策略，风险规避是最消极的一种策略，因此应该慎用。

2.5 新型城镇化进程中的辽宁省污水处理项目融资的对策建议

2.5.1 投资的对策建议

1. 确立政府导向，引进外资，注重培养内资发展机制

深化污水处理建设项目投融资体制发展的指导思想和目标[4]。按社会主义市场体制要求，遵循市场机制原则，放宽市场，积极培育多元投资主体，进一步确立企业投资的主体地位，着力打造政府的融资平台、社会融资平台。

2. 建立新型政府投资资金管理体系

高效、公平、公开、透明的政府投资管理运营机制对于 PPP 污水处理项目的融资具有重要的意义。强化政府规划和市场监督，增强制定规划的前沿性、可操作性和公开性，对参与城市污水处理的国有与私有资本一视同仁，实现政府对管理机制的转变。对拥有的资金和资产，按规定使用，统一规划管理。

3. 完善城市污水处理项目投资补偿机制

建立科学的补偿机制，对有经营收入但不足以回收成本的基础设施项目，要采取多种方式保证投资收益。在价格改革不到位的情形下，政府部门可以通过给予适当的资金补贴、特许经营权补偿、项目补贴及相关政策对项目投资进行补偿，保障项目运行期间合理收益，使收益达到行业平均水平。同时，根据发展，项目收益随着价格逐步到位，政府部门可以减少或取消上述投资补偿的范围和力度。

4. 建立高效政府投资管理运营机制

深化行政审核批准改革，简化、公开政府审批程序、实施实时服务，提高办事效率。加快相关融资政策的科学化判决，优化投资领域收费项目。

5. 改革污水收费制度，完善价格机制

污水收费制度的建立，完善其价格机制是增加私营部门收益最直接、最有效的方式，但是在实际操作中，还需要考虑使用者的承受能力，制定出合理的收费价格标准，在合理范围内可以浮动，执行阶梯价格。

6. 加快对污水处理项目的投融资监管

在政府授权的投资机构中建立新型国有出资人管理制度，积极探索有效的监管控制途径，并制定相应的管理、监督及考核实施规章办法。同时建立起重大项目的稽查机构，由相应的负责团队进行负责，主要负责对政府投资的重大项目建设运用实施的全过程进行相应的稽查工作，这种方式有效地达到了对污水建设项目质量控制的目标，促进融资渠道健康有序地运行。

2.5.2 风险防范的对策建议

1. 政府方对策建议

对于政府部门而言，需要调整旧有的风险管理办法。同时政府应该对中标企业的信誉及能力充分了解，对其执行能力、风险承受能力都有实际的掌握。政府应聘用专门的非政府监督机构，全程监督工程的实施。鼓励多个主体共同投资，降低投资风险。在投资主体的所有制方面，可以积极推进国有、集体、私营和外资企业共同投资。

2. 城市污水处理投资项目开发的企业风险管理

对于企业而言需要建立正确的风险管理目标。必须确立具体的指导原则，明确企业内部规定的风险管理，职能的分目标和总目标。还应规定风险管理部门的任务、权利和责任，协调组织各部门之间的风险处理，建立、改进信息渠道和管理信息系统，从而实现投资主体多元化，分散投资风险。

2.5.3 具体实施建议

1. 引入第三方机构，保证公私双方地位的平等

第三方的参与使融资更加公开化、公平化、科学化，保障了融资参与方的利益。在张家界的案例中第三方的参与使监督机制更加完善。

2. 制定科学调价机制均衡各方利益

对于企业而言，需要有盈利的目标。对于政府而言，则有提供合格服务的目标。为了平衡二者之间的利益关系，制定科学的调价机制对双方利益都有保障。例如，对收费标准从处理规模的层次进行约束。

3. 项目双方要诚实守信、认真履约、对公众负责

PPP 污水处理项目的实施，是为了保障项目参与方各自的利益。为了保障其各自的利益，则需要参与双方在合作的过程诚实守信、认真履约、对公众负责，只有这样才能保障 PPP 项目的成功运行。同时，应该明确这种合作不是一时的，而是整个生命周期的。各方积极参与形成合力，保证项目完成整个生命周期。

4. 设置提前终止或回购机制保障社会资本安全

在项目实施操作的过程中，难免出现不可抗力等风险，导致项目必须提前制止或者回购。只有这样才能保障社会资本的安全。在汇津污水处理厂的案例中，正是由于双方没有设置提前制止和回购机制，致使参与方的利益受到了影响。

2.6 案例分析

目前，我国城市化的进程日渐加快，城市数量和城市人口增多，城市污水排放量以每年 5% 的速度增加。但是，我国污水处理设施和能力却并不能满足需求。提高污水处理能力，需要大量的资金支持。资金短缺是城市污水处理急需解决的问题。PPP 模式在污水处理项目中的应用为其解决资金问题提供了有力的支持。PPP 模式在污水处理领域的应用得到了越来越广泛的关注，但是将 PPP 模式应用到污水处理项目依旧存在很多的问题。

2.6.1 辽宁省朝阳市污水处理厂 PPP 项目

1. 产业化方式

辽宁省朝阳市污水处理厂所采取的方式主要是特许经营，BOT 模式。

2. 运作流程

2008 年以前，朝阳市的城市生活污水处理能力很差，产生的全部污水直接排放至大凌河，对河流水质污染严重。

2012 年 5 月，全市开工建设 32 个污水治理项目，其中计划投资 2.92 亿元在大凌河中心城区建设两座污水处理厂，省财政出资 1.4 亿元左右，剩余资金需要地方政府配套。2013 年，朝阳市政府与中电投资集团下属的重庆远达环保水处理有限公司合作成立朝阳远达环保水处理有限公司，重庆远达持有 51% 股权，买断 30 年特许经营权。

2015 年，城区 3 座污水处理厂均采取朝阳市政府与电力央企合作经营模

式（PPP 模式）特许经营，企业运营规范，管理效果明显。总处理能力为 16 万 $m^3 \cdot d^{-1}$，实际处理量为 14.7 万 $m^3 \cdot d^{-1}$，出水标准均执行国标一级 A 标准，达标出水通过 3 个污水排放口就近排入什家子河和大凌河。被污染的大凌河，水质升级为四类水质以上的清水河。

2.6.2 张家界市杨家溪污水处理厂项目

1. 产业化方式

张家界市杨家溪污水处理厂项目所采取的模式也是特许经营期，BOT 模式，如图 2-5 所示。

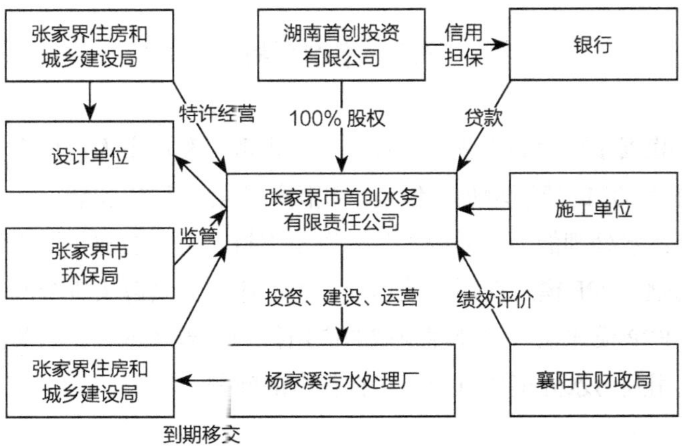

图 2-5 合作运营模式

2. 运作方式

张家界市杨家溪污水处理厂作为成功案例的代表，有明确的授权，建立了分工明确的协调机制和设计清晰的项目结构，同时项目参与各方的权利和义务、职责、分工和任务等都有明确的界定。

（1）特许经营形式

政府通过 BOT 方式引入社会资本，建设杨家溪污水处理厂后，授权张家界市住房和城乡建设局进行项目的实施机构。同时，张家界住房和城乡建设局成立了永定城区污水处理项目建设的指挥部作为项目的协调机构，对项目进行管理。委托金准咨询作为项目的专业咨询机构，对项目进行特许经营和招标的咨询服务工作。

张家界市人民政府授权张家界市住房和城乡建设局，授予投资人湖南首创投资有限公司成立项目公司——张家界首创水处理投资有限责任公司30年特许经营权，由其融资、投资、建设、运营和维护杨家溪污水处理厂，承担污水处理工作、获取服务费用。特许经营期届满，将杨家溪污水处理厂无偿移交给张家界市政府或其指定单位。

（2）特许经营时间

本项目的特许经营期限为30年。

（3）计量及价格机制

服务费按季度结算。水量不足时政府方应就基本水量支付基本污水处理服务费，污水处理厂的实际处理水量超过基本水量，超额水量部分按60%付费。

（4）终止后补偿

因政府方或者项目公司自身的原因所导致特许经营协议的终止，双方需各自承担其相应的项目责任，并对另一方的损失做出相应的补偿；由于自然条件约束所引起的不可抗力事件所导致协议终止，双方需要共同承担起损失；由于政策、法律法规等变更所造成的协议终止，需要政府方承担责任并补偿项目公司的损失。

2.6.3 长春汇津污水处理厂

1. 产业化方式

长春汇津污水处理厂产业化方式：中外合资，共同经营。

2. 运行方式

长春汇津污水处理厂项目是污水处理的典型案例。1999年，长春市人民政府为了达到该市污水处理的目标，对该市的污水处理项目进行了公开招标。2000年，我国香港汇津污水处理有限公司为该项目投资3200万美元，建成了当时长春市的第一家污水处理厂。同年7月，长春市人民政府颁发了《长春汇津污水处理专营管理办法》（以下简称《办法》），《办法》规定：由排水公司向长春汇津公司供应污水，由长春汇津公司进行处理，长春市自来水公司向用水户收取污水处理费，由市财政局拨付给排水公司，最后由排水公司向长春汇津公司支付污水处理费。2000年底项目正式投入运营。

在2002年中，长春市排水公司开始拖欠污水处理费，2003年3月开始，排水公司完全停止支付任何污水处理费。2003年2月，长春市政府废止了《办法》。因为其政府部门认为，《办法》的实施违反了国务院有关“固定回报”、

《中外合资经营企业法》《中外合作经营企业法》等有关法律法规。2003 年 10 月末，项目累计拖欠污水处理费用达到了 9700 万元人民币。在这之后，长春汇津和汇津公司经过多次与市政府及排水公司交涉协商，要求其支付拖欠的污水处理费。汇律公司认为《办法》是政府支持项目实施的行政许可和授权行为，其废除意味着摧毁合作公司成立于运营的基础。

2003 年 8 月，汇津公司向长春市中级人民法院提起行政诉讼，同年 12 月底，法院判决驳回原告的诉讼请求。认为《办法》的废除合法。2004 年 1 月 8 日，汇津公司向吉林省高级人民法院递交了上诉状。2004 年 2 月，汇津污水处理厂正式停产。2005 年 8 月，轰动一时的长春汇津污水处理项目经过近两年的法律纠纷，最终以长春市政府回购而结束。据悉，回购金额为 2.8 亿元人民币，长春市政府将分三次支付（图 2-6）。

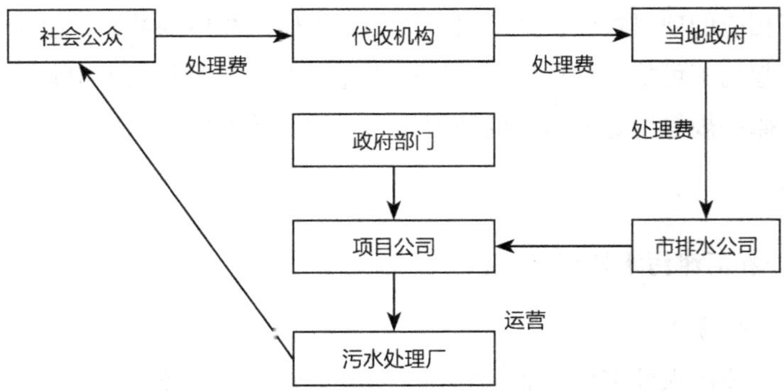

图 2-6　合作模式结构图

2.6.4　案例比较（表 2-4）

案例比较　　表 2-4

	张家界	长春	朝阳
引入外资模式	特许经营、BOT	中外合资	BOT
目的	城市环境基础设施建设，保护好区域生态环境	引进先进技术	解决资金问题 水污染问题
经营期限	25 年	最长不超过 50 年	30 年
日处理量	40 万吨，即 40 万 m^3	39 万吨，即 39 万 m^3	147 万吨， 即 147 万 m^3（三家）

续表

	张家界	长春	朝阳
投资回报	购买净水协议，BOT 合同中固定了自来水销售的数量、价格等	先进的技术	社会资本、金融资本引入，实现了政企银三方共赢
行业监督	严格的限制	没有限制	比较严格限制
存在的风险	管网建设和维护 运营成本变动 政治不可抗力 自然不可抗力	公共政策法律风险监管风险	股权 51 ∶ 49，在公司决策中势必会存在一定的矛盾信息不对称风险

2.7 本章小结

PPP 模式融资对于解决地方资金短缺有很重要的现实意义，不仅能够使地方政府对基础建设项目的投资更加准确，也可以使地方投资更为公开、公正、公平，是地方政府财政制度投资转型的契机，但现有运作方式和流程仍需要进一步的改善。在分析政治、经济和法律风险等系统风险时，也要注重项目本身所带来的非系统风险，找出最符合现状的融资模式。

3 新型城镇化进程中的辽宁省既有建筑节能改造融资问题及对策

3.1 既有建筑节能改造投融资背景及概念体系

3.1.1 背景现状

1. 我国能源战略

21 世纪，中国已进入全面建设小康社会阶段，能源生产与供应面临着十分严峻的形势。自然资源的相对匮乏是我国的基本国情之一，与发达国家相比，我国人均能源占有量远不及世界平均水平，单位面积能耗和人均能源消耗量却是发达国家的 3 倍。2003 年我国国民生产总值 GDP 位居世界第 7，但能源消耗量仅次于美国居世界第 2。2002 年我国每千美元 GDP 的能耗为 900 kg油当量，居世界第 3 位，而二氧化碳的排放量份额占 13.7%，仅次于美国。长期以来形成的粗放型经济增长方式，致使能源资源消耗高、能源利用效率低、资源浪费和环境污染等问题日益突出，成为制约我国经济和社会发展的主要瓶颈之一。如果 2020 年我国要实现国民生产总值翻两番，达到小康社会的目标，按现在的能源增长速度是远远达不到的，现在的能源生产速度还跟不上经济增长的速度。2003 年统计数据和结果表明，我国的能源利用率仅为 33%，比发达国家低 10 个百分点。这一系列的数据和结果说明我国能源利用存在着利用率低，能源结构不合理等诸多问题。因此，能源是国家经济的生命线，是战略资源，是全面建设小康社会的重要物质基础。

2004 年起，中国政府颁布了一系列政策和法规，来保障能源安全、减少环境污染和温室气体排放、改善人类的居住环境、实现经济社会可持续发展。具体法规和相关内容见表 3-1。

中国政府近期颁布的节能政策和法规 表 3-1

年度	名称	主要内容
2004 年	《节能中长期专项规划》	2010 年每万元 GDP 能耗由 2002 年的 2.68t 标准煤下降到 2.25t 标准煤，2003~2010 年年均节能率为 2.2%；2020 年每万元 GDP 能耗下降到 1.54t 标准煤，2003~2020 年年均节能率为 3%，达到以保障供应为主线，贯彻实施“节能优先、供应安全、结构优化、环境友好”的可持续发展能源战略
2005 年	《中共中央关于制定国民经济和社会发展第十一个五年规划的建议》	单位国内生产总值能源消耗比“十五”期末降低 20% 左右，年均节能率 4.4%，“十一五”期间要实现节能 5.6 亿 t 标准煤

续表

年度	名称	主要内容
2005 年	《中华人民共和国国民经济和社会发展第十一个五年（2006~2010 年）规划纲要》	单位国内生产总值能源消耗降低 20% 左右，单位工业增加值用水量降低 30%，农业灌溉用水有效利用系数提高到 0.5，工业固体废物综合利用率提高到 60%
2006 年	《关于加强节能工作的决定（国发 2006[28] 号）》	“十一五”期末，万元国内生产总值（按 2005 年价格计算）能耗下降到 0.98t 标准煤，比“十五”期末降低 20% 左右，平均年节能率为 4.4%；重点行业主要产品单位能耗总体达到或接近 21 世纪初国际先进水平
2007 年	《节能减排综合性工作方案的通知（国发 [2007]15 号）》	到 2010 年，万元国内生产总值能耗由 2005 年的 1.22 吨标准煤下降到 1 吨标准煤以下，降低 20% 左右；单位工业增加值用水量降低 30%；“十一五”期间，主要污染物排放总量减少 10%，到 2010 年，二氧化硫排放量由 2005 年的 2549 万吨减少到 2295 万吨，化学需氧量（COD）由 1414 万吨减少到 1273 万吨，全国设市城市污水处理率不低于 70%，工业固体废物综合利用率达到 60% 以上
2008 年	《中华人民共和国节约能源法》	用国家立法的形式明确了建筑节能、工业节能、交通运输节能是三大节能领域

2. 建筑能耗与建筑节能

建筑能耗的定义有两种方法，广义建筑能耗是指从建筑材料制造、建筑施工，一直到建筑使用的全过程；而狭义建筑能耗或建筑使用能耗是指维持建筑功能和建筑物在运行过程中所消耗的能量，包括照明、采暖、空调、电梯、热水供应、烹调、家用电器。近年来随着经济的增长，我国建筑能耗在不断增长。2003 年，我国建筑使用过程中消耗能源共计 4.6 亿吨标准煤，占当年全社会终端能耗的比重为 27.47%，到 2007 年建筑使用过程中消耗能源共计约 8.0 亿吨标准煤，占当年全社会终端能耗的 30%。2007 年的建筑用能在我国能源总消耗量中所占比例已从 1978 年的 10% 上升到 30%。

2005 年底，全国城乡房屋建筑面积约为 400 亿 m^2，北方采暖区城镇居住面积约 54 亿 m^2。到 2020 年底，全国城乡房屋建筑面积将达 680 亿 m^2，其中城镇 260 亿 m^2。既有建筑在使用过程中的能耗主要包括建筑采暖、空调、热水供应、电气、炊事等方面。而建筑围护结构散失的能量和供热制冷系统的能耗占整个建筑能耗中的大部分，具体见表 3-2。

我国既有建筑能耗的构成部分　　表 3-2

既有建筑能耗的构成	采暖空调	热水供应	电气	炊事
比例（%）	65	15	14	6

目前，我国北方采暖区既有建筑的 70% 以上为高能耗建筑，2000 年的冬季采暖平均能耗为 25kg 标煤 /m²。与气候条件接近的西欧或北美国家相比，我国居住建筑单位采暖建筑面积一般要多消耗 2~3 倍以上的能源。欧洲国家年采暖能耗普遍达到 8.57kg 标煤 /m²，我国居住建筑即使达到节能 50% 标准（25kg 标煤 /m² × 50%），采暖耗能也要达到 12.5kg 标煤 /m²，约为欧洲国家的 1.5 倍。我国绝大多数采暖区住宅外围护结构的热工性能与气候相近的发达国家相比存在差距，外墙的传热系数高的 3.5~4.5 倍，外窗为 2~3 倍，屋面为 3~6 倍，门窗的空气渗透为 3~6 倍。我国建筑外墙热损失是加拿大和其他北半球国家同类建筑的 3~5 倍，窗的热损失在 2 倍以上。北京市在执行 1995 年新节能标准后，建筑能耗大幅降低，但仍比瑞典、丹麦、芬兰等国高出近一倍。

建筑节能概念最早是由西方发达国家提出，并随着建筑的发展和经济社会的发展不断有新的目标和含义。首先是 20 世纪 60 年代末和 70 年代初的两次中东战争，导致石油输出国对美国、日本等国家实行石油禁运，使发达国家经历了严重的石油危机。美、日等国不得不严格限制用能。由于发达国家建筑能耗占其总能耗的 1/3，因此建筑成了限制用能首当其冲的受害者。建筑节能（Energy Saving）也就从此提上各国政府和学者的议程。建筑节能发展的第二阶段称作能量守恒（Energy Conservation），其目标是节约用能，在建筑总能耗不增加的前提下改善室内环境品质。第三阶段为建筑合理用能（Energy Efficiency），要求提高能源的转换率，用最小代价和最小能耗来满足人们的合理需求。20 世纪末，建筑节能又与可持续发展的思想结合起来，其目标是实现建筑能源的可持续利用和减少地球环境负荷。西方发达国家现在已建立了比较完备的建筑节能体系，并有计划地进行既有建筑的改造。

3. 我国既有建筑现状

既有建筑，是指按 1980~1981 年住宅能耗标准建造的建筑（也称旧有建筑）。我国大中城市自 20 世纪 80 年代起兴建了大量的多层及高层住宅，在使用面积上极大地缓解了住房紧缺的问题。这些住宅都是按照当时的能耗标准建造，随着人们对住房要求的提高，这些住宅虽然承重体系没有问题，但是设施简陋，设备已经老化，外围护结构传热阻偏低，居住热环境差，于是这些住宅都成了高耗能的建筑。我国一些地方政府解决这些旧住宅的办法是大规模的拆除重建，这种做法不仅大大缩短了建筑物的寿命周期，而且造成了资源的极大浪费。将既有建筑作为城市可再生空间资源的开发和再利用过程，就是使其从不适应状态向新的适应状态调整和转变的过程，是“适用”原则由静止、狭隘走向动态、开放的转变过程。而调整和转变是否恰到好处，关键在于调整后的空间形态能否容纳、满足后续人的种种行为、活动和事件的发生。按照我国的强制标准，普通建筑规定的合理使用年限是 50 年，但统计结果显示，我国建筑平均寿命不到 30 年。随着经济的发展，收入的增加，城镇居民的住房需求从保障型向舒适型转换，对住房功能、品位、环境的要求越来越高。提高住宅质量，延长住宅寿命是其中重要的一环。提高住宅质量，改善功能，既能满足不断提升的住房要求，又能避免拆迁带来的资源浪费，还可以缩减新建住宅量，节省住宅用地。对既有住宅建筑进行节能改造，不但可以获得舒适的居住环境，降低能耗，在节能改造同时结合外装修还可以美化城市环境，实现城市的可持续发展。

因此，对既有建筑的节能改造和供热体制改革对节能工作的开展非常重要。只有在抓好新建建筑节能的同时搞好既有建筑节能改造，才能从根本上降低建筑能耗，达到节能的目标。只有正确处理好能源和经济，能源与环境的关系，才能提高人民群众的生活水平，实现社会的可持续发展。在这种背景下针对我国既有建筑数量大、能耗高，节能潜力大的特点，进行既有建筑节能改造的技术和经济的研究，为进一步开展节能改造，实现节能改造的目标提供理论的基础和技术的支持。

3.1.2 概念体系

1. 既有建筑改造

建筑按照竣工时点为界分为既有建筑和新建建筑。既有建筑是指按 1980~1981 年住宅能耗标准建造的建筑（也称旧有建筑）。该类建筑使用过程中能耗高，能源浪费量也大，因此，需要采取有效的节能改造措施，降低建筑能耗。我国从 1996 年 7 月 1 日起对新建建筑执行《民用建筑节能设计标准》（JGJ 26—95）中的节能标准，要求新建建筑在既有建筑通用设计能耗水平的基础上节能 50%，这就为既有建筑节能改造指明了方向。本课题的研究对象为既有建筑的节能改造。

2007 年底，我国城乡既有建筑约 400 多亿 m^2，其中约 95% 属于高能耗建筑，约有 1/3 需要进行节能改造。同时，我国每年增加新建房屋面积约 20 亿 m^2，2007 年初，原建设部公布的对 30 个省市抽样检查的数字显示：建设项目在设计阶段执行节能设计标准的为 95.7%，施工阶段执行节能标准的为 53.8%。从上面的分析可以看出，目前我国既有建筑的特点是:建筑能耗高，节能潜力大。住房和城乡建设部原总工程师王铁宏（2007 年 10 月）表示：目前我国建筑能耗在我国能源总消费量中所占的比例约为 30%；单位建筑面积能源消耗达到发达国家的 3 倍多。而这 30% 还仅仅是建筑物在建设和使用过程中消耗的能源，如果再加上建材生产过程中耗掉的能源，和建筑物相关的能耗将占到社会总能耗的 46.7%。按照目前的发展趋势，到 2020 年我国建筑能耗将达到 10.9 亿吨标准煤，约为 2000 年建筑能耗的 3 倍。根据近 30 年来能源界的研究和实践，目前普遍认为建筑节能是各种节能途径中潜力最大，最为直接有效的方式，是缓解能源紧张、解决社会经济发展与能源供应不足这对矛盾的最有效措施之一。住房和城乡建设部在其下发的《关于发展节能省地型住宅和公共建筑的指导意见》中指出："到 2010 年，全国城镇新建建筑实现节能 50%，其中各特大城市和部分大城市率先实施节能 65% 的标准；既有建筑节能改造逐步开展，大城市完成应改造面积的 25%，中等城市完成 15%，小城市完成 10%；城乡新增建设用地占用耕地的增长幅度要在现有基础上力争减少 20%；建筑建造和使用过程的节水率在现有基础上提高 20% 以上；新建建筑对不可再生资源的总消耗比现在下降 10%。"在住房和城乡建设部的节能总目标中也指出到 2020 年北方和沿海经济发达地区和超大城市要实现建筑节能 65% 的目标，以及节地、节水、节材目标。

2. 既有建筑节能改造的外部性分析

实施既有居住建筑节能改造是实现国家"节能减排"战略目标的重要举措。由于既有居住建筑节能改造具有较强的经济外部性，属于市场失灵领域；同时既有居住建筑节能改造需要大量的资金投入，因此，要大规模实施既有居住建筑节能改造，政府必须给予必要的财政支持和税收优惠等经济激励政策，解决既有居住建筑节能改造的经济外部性，以便带动社会投资主体进入既有居住建筑节能改造市场。因此，运用经济学理论探讨既有居住建筑节能改造的外部性种类与大小，是研究既有建筑节能改造投融资模式的理论依据。

（1）外部性概念

马歇尔认为一种货物的生产规模扩大发生的经济分为两类：第一类是外部经济；第二类是内部经济。马歇尔的外部经济是指工业内部厂商之间在生产活动效益方面有益的相关影响，而这种影响没能在厂商的生产成本上反映出来。

庇古发展了马歇尔的外部经济理论，充实了内部经济和内部不经济、外部经济和外部不经济等概念：认为内部经济和内部不经济描述的是厂商企业内部的产量同成本之间的关系，外部经济与外部不经济描述的是厂商同部门内和部门外其他厂商之间的关系。在外部经济情况下，厂商的边际私人成本大于边际社会成本，厂商的边际私人纯产品小于边际社会纯产品；在外部不经济情况下，厂商的边际私人成本小于边际社会成本，厂商的边际私人纯产品大于边际社会纯产品。以意大利经济学家帕累托为代表的新福利经济学家在继承庇古外部性思想的基础上，对外部性问题作了进一步探讨，认为外部性必须满足四个条件：①外部性不能单纯是某种物理影响，而必须是某种福利影响的效应；②产生外部性的主体必须是个人或集团人群，或处于人的控制之下的事物，受影响的一方也必须是人或人所拥有的事物；③外部性造成的福利影响，无论是利益还是损失，都是不支付代价的；④外部性通常是一种经济活动的副作用，带有偶然性和附随性，而不是一种经济活动的主导和有意识造成的影响。

斯蒂格利茨认为，只要一个人或一家厂商实施某种直接影响其他人的行为，而且对此既不用赔偿、也不用得到赔偿的时候，就出现了“外部性”。未被市场交易包括在内的额外成本及收益被称为“外部性”。萨缪尔森和诺德豪斯认为，外部性是“一个经济主体的行为对另一个经济主体的福利所生产的效果，而这种效果并没有从货币上或市场交易上反映出来”。

（2）既有居住建筑节能改造的外部性概念与分类

1）既有居住建筑节能改造的内容

既有居住建筑节能改造内容包括：①建筑围护结构改造，包括建筑外墙保温改造、屋面保温改造、门窗保温改造、安装新风系统等；②室内供热系统改造，包括安装热量表、温控阀等；③热源热网改造，包括热源改造、一次网改造、热力站改造、二次网改造等。

2）既有居住建筑节能改造的效益组成

既有居住建筑节能改造的效益组成包括：①节能改造的经济效益，包括供热成本减少、居民采暖费减少、通过增加供热面积增加“入网费”收入等；②节能改造的外部效益，即实施既有居住建筑节能改造，可以有效降低建筑单位采暖能耗，提高热源热网的供热效率，从而减少对能源的消耗以及减少污染物的排放量，这样会给社会其他经济体、区域、国家甚至世界带来好处，这就是节能改造的外部效益。

3）既有居住建筑节能改造的外部性内涵

既有居住建筑节能改造外部性是指供热企业、节能服务公司、产权单位、居民等实施既有居住建筑节能改造实现降低建筑采暖能耗和提高供热系统效率，由此产生的节省能源消耗和减少污染物排放而给社会其他经济体、区域以至国家和世界带来的好处，以及给子孙后代带来的好处。由此可见，既有居住建筑节能改造外部性是指节能改造的外部经济。

4）既有居住建筑节能改造的外部性类型

①按照外部性的属性分类。实施既有居住建筑节能改造，可以有效降低居住采暖能耗，从而实现"节能"与"减排"的双重外部效益。其中，"节能"的外部效益是指减少对煤、天然气、电等消耗给社会带来的外部效益；"减排"的外部效益是指因为减少对煤、天然气、电等消耗减排的污染物而给社会带来的外部效益。因此，按照外部性的属性分类，既有居住建筑节能改造的外部性＝"节能外部性"＋"减排外部性"。

②按照外部性的效益内涵分类。既有居住建筑节能改造，无论是"节能"的外部效益还是"减排"的外部效益，应包括环境效益、经济效益、社会效益三个方面。其中，环境效益是指因减少污染物排放、减少资源消耗而给自然生态环境带来的外部效益，如减少 CO_2、SO_2、NO_x 等排放，减少对煤矿资源的过度开发；经济效益是指因减少污染物排放、减少资源消耗而给社会其他经济体带来的收益增加或损失减少，如：排放减少使相关经济体因酸雨而导致的损失降低，由于资源需求量降低使资源价格下降带来的成本下降；社会效益是指因减少污染物排放、减少资源消耗而给社会带来的人居环境改善，生活品质提高，疾病死亡率减少等效益。因此，按照外部性的效益内涵分类，既有居住建筑节能改造的外部性包括环境外部性、经济外部性、社会外部性。

③按照外部性的时间跨度分类。实施北方采暖区既有居住建筑节能改造所带来的"节能"与"减排"外部效益，不仅惠及当代人，还会惠及后代人。例如，因污染物减排而使环境质量改善，稀缺资源消耗量降低，不仅给当代人带来好处，还会给子孙后代带来好处。因此，按照外部性的时间跨度分类，既有居住建筑节能改造的外部性包括"代内外部性"和"代际外部性"。

④按照外部性的构成部分分类。既有居住建筑节能改造内容包括热源热网改造、建筑围护结构改造、室内供热系统改造等。既有居住建筑节能改造所获得的"节能"与"减排"外部收益是由各个改造部分所贡献的。因此，按照外

部性的构成部分分类，既有居住建筑节能改造的外部性包括热源热网改造外部性、建筑围护结构改造外部性与室内供热系统改造外部性。

3. 投融资模式要素分析

投融资模式是对于某类具有共同特征的投资项目进行投资融资时可供仿效和重复运用的方案。既有建筑节能改造投融资模式即是对既有建筑节能改造领域投资项目进行投资融资时可供仿效和重复运用的方案。由于在投融资过程中，项目的资产收益特性直接影响投资者的决策，因此，不同资产收益特征的基础设施项目应该具有不同的投融资方案，对基础设施投融资模式的研究就需要首先对各种基础设施项目的资产收益特征进行分析，然后研究具有相同收益特征的同类项目的融资方案。

从投融资过程和投融资模式的概念看，投融资模式应该包括投融资主体、投融资渠道和投融资方式三个基本要素。投融资主体是项目投资者和资金融入者，是项目或资金增值保值并按契约向资金融出者支付权益的主体。投融资渠道是资金的来源，包括政府财政、银行、资本市场、外资等。投融资方式是资金融出融入的方法，如商业信贷、股票等。投融资模式的三个基本要素构成了投融资模式的主要内容，即“由谁来投融资”“通过何渠道”和“运用什么方法”来实现项目投融资。因此，对既有建筑节能改造投融资模式的研究就是研究项目的投融资主体、投融资渠道和投融资方法。

3.2 既有建筑改造融资风险管理

3.2.1 既有建筑节能改造投融资风险特征分析

既有建筑节能改造不同于一般的工程项目，其特点包括以下几种：

1. 风险周期长

完整的既有建筑节能改造项目周期包括项目的选项、合同谈判、改造实施、效益分享等阶段。完成一个项目短则 3~5 年，长可达 10 年以上。建筑主体、围护结构、设备系统的设计寿命各不相同，对应保险周期的确定存在一定的困难。

2. 风险的复杂性

既有建筑节能改造的参与者包括节能服务公司、政府、接受节能改造的项目业主、提供资金的银行等金融机构、设计方、施工方、原材料及设备供应商等，各个参与方在项目不同阶段参与到项目中，扮演不同的角色，有自己的利益出发点，因而有利益冲突。此外，项目还受外界环境影响，包括政府制定的法律、政策，以及宏观经济环境的变动等都会对项目造成影响。这些因素的共同作用导致了项目的风险具有较高的复杂性。

3. 参与者承担的风险和期望获得的收益不同

对接受节能改造的项目业主来说，由于项目资金不用由业主支付，项目运作过程中的大部分工作也不用业主负责进行，而仅需要配合节能服务公司，因此业主承担的风险比较少。而对节能服务公司来说，他们是建筑节能改造项目的投资主体，其目的在于通过为业主提供节能服务获得利润，项目的全部流程在节能服务公司的主导下完成，节能服务公司需要承担项目的绝大部分风险。

3.2.2 既有建筑节能改造风险识别与分析

1. 外部风险

外部风险是指不由项目本身因素而是由项目所处环境的变化而引起的风险，按照 PEST 模型可分为政策风险、社会风险、经济风险与技术风险。

政策风险。政策环境是指导我国整个建筑节能行业健康发展的重要因素，环境的好坏直接影响我国建筑节能工作发展的方向。我国建筑节能的推进目标主要依靠五年规划来确定与实施。但是，建筑节能领域往往需要五年以上的中长期规划，通过明确长期的政策走向，撬动资本进入建筑节能产品与技术的开发。另外，政策的变动也是造成风险的主要原因。例如，对于合同能源管理公司而言，政府补贴是其收益的来源之一，如果补贴取消会降低合同能源管理公司的收益甚至造成亏损。

社会风险。社会风险主要来自于市场需求、业主改造意识等方面。现如今，人们对于房地产的需求更多侧重于价格、位置等方面，很少关心其绿色性能。从需求侧推动既有建筑节能改造工作的发展，对于建立健全建筑节能市场化机制具有重要作用。在居住建筑节能改造的过程中，业主产权较为分散，且节能改造的意愿不强，一方面给建筑节能改造提供难度，另一方面也造成未来收益与现阶段节能改造主体不一致的问题。

经济风险。建筑节能行业本身的特点决定了项目投资回收期较长，一般为 3~5 年，甚至长达 10 年。因此，通货膨胀、利率变动等因素对于项目收益的影响就尤为显著。通货膨胀的长期累积会使合同能源管理公司从项目中获得的实际收益下降，降低项目的收益率与实际利润，甚至导致项目亏损。

技术风险。技术风险主要分为技术替代风险和技术转移风险。技术替代风险是指由于建筑技能设备和技术的更新换代而导致能源管理公司收益受损的风险。在建筑节能改造中，要适当运用新技术与新设备来提高效益，同时，又不能盲目追求设备的先进性，也要注意根据实际情况选择合适的能效解决方案。技术转移风险是指技术研发在向商业化、产业化过程发展的风险，在科研成果转化的过程中暴露出的问题可能比科研本身的问题还要复杂，同时，一项科研成果所需要的配套条件不成熟而引致的风险同样也是我们关心的重要问题。

2. 内部风险

内部风险是指由于项目本身的原因而引起的风险，具体包括以下几种：

（1）财务风险

目前，我国运用比较广泛的合同能源管理运作模式主要包括三种类型：节能效益分享型、节能量保证型和能源费用托管型。三种运营模式当中，节能效益分享型运用范围最为广泛。合同能源管理公司本身具有“业主零投资，零风险的特点”，因此，节能服务公司为了成功实施合同能源管理项目，与用能客户分享未来的节能收益，从项目开始的节能改造审计、节能项目设计、原材料与节能设备的购置以及项目施工、安装和调试等一系列相关服务的费用，通常由节能服务公司全部承担。因此，合同能源管理面临着公司负债率较高，现金流不足的风险。

（2）管理风险

管理风险主要体现在节能服务公司在合同能源管理项目实施过程中采用节能技术的可行性、可靠性和成熟度所造成的风险。主要表现为能源审计不准确、承诺的节能量没有达到等。同时，设备采购及运营方面的管理风险也会对项目造成消极的影响。

（3）信用风险

在既有建筑节能改造中，合同能源管理公司多为轻资产的公司，在融资时很少有足够的抵押资产，致使银行不愿意贷款。同时，双方在节能量认证方面可能存在着分歧，对合同能源管理公司和业主都会带来不同程度的风险。信用问题在绿色建筑中表现得尤为突出，在绿色建筑开发的过程中，银行通过绿色信贷的优惠政策来推动绿色建筑的发展，但是取得绿色建筑评价标识的建筑通常在设计阶段满足要求，在运营阶段无法确定其绿色性能，一方面给政府财政的落实带来困难，另一方面也给银行的绿色信贷带来风险。

3.2.3 既有建筑节能改造投融资风险应对

基于风险矩阵图中风险的分类大致可分为四类。针对不同的风险采取不同的控制措施。

1. 风险回避

从风险矩阵图中可以看出，发生概率和损失较大的风险主要为融资、财务以及政策方面的风险。由于此类风险发生的概率和损失都较大，应采取风险回避手段彻底消除风险。主要采取以下手段：

1）引入绿色保险增信机制。合同能源管理公司在项目前期融资时通常面临着融资难的问题。其主要原因是银行对项目绿色性能认定困难。合同能源管理公司就建筑节能项目向保险公司投保，获得保险公司提供的保险凭证后可以获得银行的优惠利率。

2）充分了解我国建筑节能方面的政策。我国目前建筑节能规划主要是通过五年规划开展的，其规划的制定主要是基于上个五年计划的完成情况，再结合新形势的要求下指定的，因此，这就为合同能源管理公司与开发商预测我国政策的走向提供了依据。

3）规避企业现金流不足问题。针对企业现金流不足的问题，一方面企业本身要加强资金管理，另一方面在节能改造中与设备供应商签订分期付款协议来减弱资金压力。

2. 风险转移

针对一些风险发生概率较低，但一旦发生损失较大的风险可采取风险转移的方法。在建筑节能投融资中这类风险主要表现为政策、能源价格的变动，能源审计风险以及未达到节能量，可采取保险的方式将上述风险转移到保险公司身上，例如，当能源价格低到一定值时可向保险公司申请赔偿。同时，市场上的领先企业可以建立相互保险社，入社的企业提供一笔保险金，如果保险社内有好的项目可以从保险金中得到奖励，同时，风险发生时可以从保险金中获得赔偿。通过这样方法可以达到良币驱逐劣币的效果。

3. 风险减轻

针对一些风险发生概率较高但损失较小的风险可采取风险减轻的措施。在建筑节能投融资中此类风险主要表现为利率、通货膨胀、汇率等经济方面的风险以及合同风险。为了减弱这些风险，可探索未来收益抵押及证券化的方式来减弱利率、通货膨胀的风险；可利用外汇期货等金融工具降低汇率风险；加强建筑节能改造合同的规范性与法律效力。

4. 风险保留

针对一些发生概率较低、损失较小的风险，可采取风险保留的措施。在建筑节能投融资的过程中此类风险主要表现为技术环境、社会环境等方面。通常情况下采取措施的成本要高于风险本身。

3.3 既有建筑改造融资模式探讨

3.3.1 既有建筑改造融资模式概述

我国地域宽广，从北到南分为严寒地区、寒冷地区、夏热冬冷地区、夏热冬暖地区和温和地区。我国严寒地区、寒冷地区以及夏热冬冷地区的部分城镇冬季都需要采暖，采暖燃煤对大气造成严重污染。与此同时，我国大部分地区夏季炎热，空调又日益普及，建筑空调能耗正在迅速增加。目前我国既有建筑面积近 430 亿 m^2，其中 95% 以上是高耗能建筑。同时，我国每年新建房屋面积约 20 亿 m^2，其中 80% 以上为耗能较高建筑，这些建筑中普遍存在着围护结构保温隔热性和气密性差、供热空调系统效率低下等问题。我国各地建筑围护结构传统外墙一般为实心黏土砖，其厚度严寒地区 1.5~2 砖；寒冷地区 1~1.5 砖；夏热冬冷地区 1 砖；夏热冬暖地区 3/4 砖；寒冷地区及其以南均用单层窗，严寒地区用双层窗。我国建筑采暖基本上以燃煤为主，对环境的影响也比用油、天然气采暖的发达国家更加严重。可见我国既有建筑绝大多数不满足节能要求，既有建筑耗能占全社会建筑耗能比重较大，因此，对既有建筑进行节能改造十分必要。然而，我国既有建筑数量庞大，实施改造困难很多，而且需要大量改造资金，要想大面积实施既有建筑改造，资金问题成了主要障碍。因此，积极探索新型的既有建筑改造投融资模式具有十分重要的意义。

3.3.2 既有建筑改造投融资存在的问题

1. 既有建筑改造的外部性影响

外部性是指社会成员（包括组织和个人）从事经济活动时，其成本与后果不完全由该行为人承担，即行为举动与行为后果的不一致性。经济外部性是经济主体（包括厂商或个人）的经济活动对他人和社会造成的非市场化的影响。分为正外部性和负外部性。正外部性是某个经济行为个体的活动使他人或社会受益，而受益者无须花费代价，负外部性是某个经济行为个体的活动使他人或社会受损，而造成外部不经济的人却没有为此承担成本。既有建筑节能改造可以减小整个国家的能源消耗，对国民经济有益，又可以减少环境污染，带来良好的社会效益。然而作为准公共物品，既有建筑的节能改造存在着严重的外部性，这种外部性表现为一人出资改造，多人从中受益的改造结果，这种外部性危害导致投资人并不愿意出资进行改造。这种公共物品融资的外部性危害严重阻碍了既有建筑改造融资的进行。

2. 缺乏有效的经济激励政策

与一些西方发达国家相比我国既有建筑节能改造发展缓慢，这与政府缺乏有效的激励政策有关。国家需要设立新的建筑节能改造的经济激励政策，避免国家无法利用有效地经济政策对既有建筑节能改造进行调控。经济激励机制的缺乏导致相关主体节能改造意识不强、节能技术难以推广应用，阻碍了既有建筑节能改造的进程。因此，积极开发有效的经济激励政策对推动既有建筑节能改造，避免能源进一步浪费意义十分重大，同时有效的经济激励政策还可以弥补国家强制性政策的不足。既有建筑改造需要适当的经济政策激励，中央和地方政府可结合我国经济体制现状制定包含税收优惠、优惠贷款、奖金鼓励等形式的各项政策，引导改造意愿较强的业主率先开展改造，通过知识扩散机制来带动更多的业主施行节能改造。

3. 产权主体多元化与改造工程整体性的矛盾

目前，我国住宅特别是城市住宅大都属于公寓建筑，产权归属非单一性较普遍。随着地价不断上涨和城市人口增加，多、高层建筑所占比例也会越来越大。一方面，住宅建筑物产权归属的非单一性导致改造工程投融资决策权分散化，不容易形成统一的投资意愿。另一方面，节能改造立项、资金筹集融通、节能服务投资、改造施工等都需要以整栋建筑为基本立项单元。产权主体投资意向多元化与节能改造工程整体统一性的矛盾，容易造成“搭便车”的现象。

4. 相关法律有待完善

在既有建筑改造方面，我国现行的法律法规还有待完善。同时，民间组织、企业等应发挥积极作用。相关法律法规的完善和严格执行将推动既有建筑改造工作更好、更快地发展。

5. 建筑节能改造的投资外部环境

中国现今建筑节能投融资市场的投资方包括各级政府、金融机构、房地产开发商及各类建筑业主，但目前仍以政府投入为主。其他的资金支持政策还在研究制定过程中；金融机构仅仅在房地产开发整体资金上给予支持，对于节能建筑的增量投资并没有专项的金融计划安排；房地产开发商建造节能建筑增加的投资部分现仅能通过提高房价回收，但由于国家对房价施行严格的宏观调控政策，使得房地产开发商通过提高房价来获得回报风险增大；各类建筑业主的节能意识较为薄弱，并且没有科学的方式来判断节能建筑，因此购买节能建筑的积极性不高。由于建造节能建筑的初期资金需求量较大，现今还没有合理的融资渠道而很难成功融资。

3.3.3 既有建筑改造投融资模式探讨

根据不同类型的既有建筑，探讨合同能源管理、BOT 融资方式、碳汇融资模式等多种融资模式的适用性，提出适合我国的既有建筑改造多元化、市场化融资的有效模式。

1.“合同能源管理”模式

“合同能源管理”（Energy Management Contract，EMC），即由专门的节能服务公司（Energy Service Company，ESCO），为客户提供耗能设备的改良和更新服务，提供服务所需的资金，并在接下来的一段时间里，从设备运行节省下来的能源费用中回收投资、获得利润。节能潜力大的用能单位，往往成为 EMC 机制推广伊始的工作对象。ESCO 承担了与项目实施有关的大部分风险，有助于能耗单位解决节能技术、资金和管理方面的问题，从而克服了目前实施节能项目的主要市场障碍，解除了用能单位进行节能改造的顾虑，ESCO 的专业化管理，不仅可以有效地减少 EMC 项目的成本，并通过分享 EMC 项目产生的效益获得利润而不断发展壮大，并吸引其他节能机构和投资者组建更多的 ESCO，从而可以在全社会实施更多的节能项目，从而推动和促进节能事业的产业化。EMC 是一条既有建筑节能改造市场化的光明之路。

2. 碳汇融资模式

碳汇融资是随着《京都议定书》的签订及清洁发展机制（简称 CDM）的出台而逐渐形成的一种新型融资方式。具体到我国北方既有居住建筑节能改造领域，碳汇融资模式的运作思路是：通过实施既有居住建筑节能改造实现 CO_2 的减排，通过核定确认“CO_2 气体排放削减量”，并将多余的 CO_2 气体排放权出售给发达国家和地区，并将收入用于我国北方地区既有居住建筑节能改造及其后续工作中去。此模式一方面能够缓解发达国家和地区的二氧化碳气体排放压力，另一方面能够保证我国北方地区既有居住建筑节能改造资金来源的充足和持续，是一种互惠互利的双赢模式。

3. 政府企业个人按比例共同融资

建筑节能改造是一项庞大的社会工程，所需资金量巨大。政府作为建筑节能改造的领导者、策划者应该规划好改造资金的筹集渠道，必要时应该成为投资渠道的主体。为确保建筑节能工作的顺利进行，各地可以按照政府、房屋产权单位和个人三方按比例共同分摊的原则，兼顾各方面的利益，多渠道筹措建筑节能改造资金。

政府方面筹集建筑节能改造资金的渠道有：

（1）市财政预算及相关部门专项经费支持。政府每年安排专项资金用于既有建筑节能改造专项补助、贴息和工作启动经费。

（2）环保部门收取的排污费应用于建筑节能改造。

（3）房产局从房改基金中安排部分基金用于既有建筑节能的改造，安排现有的住房维修基金用于建筑节能改造。

（4）住房公积金管理中心在住房公积金中筹措一部分资金，为实施建筑节能改造的单位和个人提供低息抵押贷款。

（5）节能墙改办在保持已有墙改与建筑节能专项费用基数和标准不增加的情况下，明确专项费用的使用范围，确保专项费用的35%用于支持新型墙体材料应用及有关的建筑节能工作。

（6）发行债券。为了解建筑节能服务市场发展初期资金紧缺的现状，国家可发行债券向国内外筹集资金，具有公司性质的节能服务公司和非公司性质的节能服务机构也可为某一投资项目发行债券，一次性筹集大笔长期资金，通过设立灵活的利益回报方式实现融资。

4. 居民储蓄投资和银行贷款

我国目前采用的是银行主导型的储蓄和投资转换机制，因此可通过国家银行的垄断信用，吸收有资金盈余的居民存款，再将集中起来的资金通过给企业发放贷款等形式投资到资金短缺的建筑节能服务市场中，从而使居民储蓄转化为对节能服务市场的投资。

5. 产业投资基金

通过设立产业投资基金将社会闲散资金汇集，使广大中小投资者参与到建筑节能市场相关的投资项目中。产业投资基金交由专门的投资机构管理，通过组合投资可规避某些投资风险，避免个人投资的盲目性。产业投资基金公司以获取长期资本利得作为主要目的，不谋求控制所投资的公司，也不影响公司的控制权。

6. 资产证券化

资产证券化是以可预期的现金流为支撑而发行证券进行融资的过程，适合于公共建筑节能改造及改造后能源费用节省计算方式简便的项目资金需求主体。证券化的设计可以参照比较成熟的住房抵押贷款证券设计方式。由于公共建筑改造所需资金较大，单独一个项目即可组成资产池，改造后节约的部分能源费用以偿还贷款的方式支付给境内或境外的金融机构，再将收到的贷款本息“真实销售”给特殊目的机构（Special Purpose Vehicle，SPV）。通过发行资产证券可以较快地获得所需资金，进行节能改造，在改造完成后根据节省下来的能源费用来偿还金融机构的贷款。

3.3.4 结论

既有建筑节能改造不仅需要成熟的科学技术及改造方案，更离不开大量的改造资金。如此庞大的改造资金单靠政府方面筹集还远远不够，因此既有建筑节能改造还需要推向市场，通过市场机制来完成节能改造，本节旨在分析我国既有建筑改造的投融资现状及存在的问题，总结既有建筑改造融资的几种模式，探索一条适合我国国情的既有建筑节能改造的投融资机制。

3.4 既有建筑节能改造融资问题及对策

为了更好地落实节能减排工作，国家“十二五”规划中提出，“十二五”期间在总体上实现节约能源 6.7 亿吨标准煤，其中建筑领域实现节约能耗 3 亿吨标准煤的具体目标。辽宁省是经济大省，既有建筑节能改造工作已有一定的发展。既有建筑节能改造市场需要大量资金，仅仅依靠传统的政府融资模式还不能够解决既有建筑节能改造对于资金的需求。资金问题阻碍了既有建筑节能改造的发展，优化辽宁省既有建筑节能改造的融资模式势在必行。

3.4.1 辽宁省既有建筑节能改造融资现状及存在的问题

辽宁省的既有建筑节能改造融资已取得一定进展，但还存在一些问题，在国内其他地区可借鉴的经验比较少，大多也都还在进行摸索尝试。因此，在既有建筑节能改造融资方面，还没有形成一套成熟的融资模式。目前，辽宁省既有建筑节能改造融资是以政府为主导的比较传统的融资模式为主，在节能改造融资的过程中，融资的主体比较单一。

缺乏相关激励性法规政策。造成节能改造工作发展缓慢最主要的原因是改造资金缺口巨大，辽宁省在既有建筑节能改造领域还没有形成一套较为完整的激励政策，在一定程度上阻碍了既有建筑节能改造工作的有序开展。

资金运行主体目标的差异。既有建筑节能改造融资最大的问题，是由谁出资来完成既有建筑的节能改造，这是政府、专家、物业公司、业主等相关各方都非常关心的问题。在既有建筑节能改造的过程中，既要使改造项目保质保量完成，居民的利益不受损害，也要使政府协调好各方在既有建筑节能改造工作中的利益分摊，而实际的协调工作也因主体众多，导致困难重重。

缺乏金融市场的支持机制。一般来说，辽宁省既有建筑节能改造单个项目的融资规模较小，所需要的贷款数额也就不会很大，其节能改造的项目种类较多，专业性强，对节能改造项目很难形成整体的经济效益评价。加之目前贷款市场竞争不充分，节能改造项目在金融市场没有优势可言，这导致辽宁省既有建筑节能改造的项目很难申请到规模较大银行机构的贷款。

节能改造机会成本高，资金回收期长。我国能源价格的制定并不注重考虑能源的稀缺程度、供求关系等市场因素，使得能源产品的价格水平偏低。对于投资主体选择投资项目时，既有建筑节能改造项目的收益较低，节能改造的机会成本高，资金回收期长，见效也较慢。使得投资主体投资意愿不强烈，投资项目的吸引力不足。

3.4.2 国内外成功经验借鉴

1. 波兰融资成功经验借鉴

在波兰既有建筑节能改造融资中，政府和业主作为融资的主体，政府还会成立相应的节能改造项目管理机构。通过政府投资和个人投资的渠道进行融资。在具体的融资过程中，政府对既有建筑节能改造的支持与激励主要体现在两方面：一是在节能改造项目进行前，提供专门用于既有建筑节能改造的专项基金支持，在项目经过既有建筑节能改造管理机构审核通过后，住宅发展银行会以贷款的形式在节能改造专项基金中支付节能改造所需资金的 80%。二是政府在既有建筑节能改造完成后，会以政府补贴的方式为业主偿还 25% 的贷款。

2. 唐山市融资成功经验借鉴

在唐山市既有建筑节能改造融资中，比较典型的融资模式就是由政府、供热企业和居民个人作为融资的主体，以财政资金、居民个人和企业自筹的融资渠道，按照节能改造前设定好的各主体需要承担的融资比例，通过各级政府补贴、居民投入、银行贷款、企业融资等融资方式，对既有建筑节能改造项目进行节能改造。

3.4.3 优化既有建筑节能改造融资的对策建议

1. 加强建筑节能法规制度建设

建立健全建筑节能法律法规体系，是建筑节能工作沿着法治化、规范化的轨道稳步前进的重要保证。节能工作要走向法治化轨道，首先要有法可依。经过多年的发展，发达国家已经构建起了“自主立法 + 各种协定 + 基础条约”为主要形式的相当完备的法律体系，形成了一整套有机联系的原则和制度，为建筑节能标准化铺平了道路。我国应加强法律法规之间的协调统一和配套性，力求形成以“法律法规 + 部门规章 + 实施细则”的形式，由宏观到具体相互联系、协调一致的建筑节能法律法规体系。地方政府应制定相应的指导地方建筑节能工作的节能法律法规。形成与国家上位法，国务院法规、部门规章相衔接的自上而下的，适合各地具体情况的地方建筑节能法律法规体系，促使建筑节能工作走上法治化和规范化的轨道。在法律上理顺建筑节能管理体制也是亟需解决的重要问题。从法律上确立建筑行政主管部门在建筑节能工作中的地位和责任，对于与建筑节能工作的相关责任主体，例如建筑市场主体、供能单位、物业管理等单位和建筑业主，要以法律的形式明确他们在建筑节能方面的责任和义务，保证建筑能耗统计制度、能效审计制度等相关制度的有效实施。

2. 加快建筑节能管理体系建设

（1）建立建筑节能的组织管理体系

我国各级政府应把提高建筑能效的工作列入重要议事日程，纳入当地国民经济和发展计划，加强组织领导，安排人员，稳步推进。建筑节能、墙体材料革新是政府实施公共服务、强化资源节约战略和增强可持续发展能力的重要职能，两者之间关系十分紧密。因此将两者职能整合到一起，有利于共同推进。各级政府应成立建筑节能专门管理机构，推动建筑节能工作，从人、财、物等各方面起到积极的组织保障作用。在今后的政府职能设置中要更加明确该项工作的相应主管机关、职能、编制、预算等，加强对该项工作的目标责任制管理，落实领导，落实管理机构，落实岗位和人员，逐级严格实行目标责任制考核，确保预定节能目标的实现。

（2）加强建筑节能的标准管理

建筑节能标准的编制应注意吸取国外的先进经验，并结合本国本地区的实际，既要适度超前，又要考虑经济、技术等方面的可能，努力做到切实可行，注重标准的先进性、实用性和标准指标的合理定位。标准的先进性、实用性和指标控制程度的灵活性，可以激发设计师、开发商等标准使用者的创新精神，同时也为标准的下一轮修订奠定必要的基础。建筑节能标准应该将强制性和推荐性标准合理分开，并注意这两种标准之间的区别与联系，结合实施促进建筑节能的发展。

（3）建设和提高监督管理的能力

政府对建筑节能工作的监督管理最重要的手段之一是通过国家和地方法律法规来规范。建立一个由行政法规、经济政策和技术标准、规范相互支撑联动的政策法规体系，将行政监管落到实处。对建筑立项设计、施工监理、设备安装、竣工验收、运行维护、报废拆除等全过程实施监督，同时向不执行建筑节能强制标准，应承担法律责任的行为进行规范。建立和实施能源效率标识制度和建筑能耗评估系统。国际经验表明，建立建筑能耗评估系统是发达国家建筑节能市场成熟的标志；我国在电器设备领域已经开始全面实施“3C”认证标识制度，并且实行效果良好，这些经验可以作为今后建立建筑节能产品标识制度和评价系统的借鉴内容。

（4）加强过程管理的审核

对节能工作应该以事前控制和过程控制为主，重视对关键环节控制的国际通行方法值得借鉴。事前控制的关键环节在规划阶段，应发挥建筑节能规划在建筑节能工作中的龙头作用，明确管理部门和相关责任主体在建筑节能规划环节的责任。

过程控制主要应包含建筑的开发建设过程和建筑运行、使用过程中的控制。开发建设过程应主要对设计、施工、监理、竣工验收这四个关键环节进行控制，落实建筑节能工作。在具体的实施中把握建筑运行、使用过程的关键环节，即确定主要管制对象、运行管理制度设计，运用建筑能效测评、标识制度在竣工验收环节把关；将数量少、能耗高的政府办公建筑和大型公共建筑作为节能管制的主要对象，运用能耗统计、能效审计公示、用电定额，空调温度控制等一系列的制度，以及运行管理单位的量化考核制度，加强建筑运行管理。加强过程管理及其审核就是要使建筑节能从为单纯应对能源危机而节约能源的“事后补救型”被动节能，转变为以提高能效、保护环境、改善生活质量和改进公共关系为目标的“事前、事中控制型”的主动节能，从单纯依靠行政管制手段的强制性节能，转变为依靠法律、标准体系为主，激励政策为辅的规范化引导性节能，从而推动建筑节能工作的有效开展，形成一个因地制宜、逐步推进、不断总结提高的过程。

3. 制定并实施财政、信贷以及税收优惠政策

（1）财政补贴政策

在建筑节能市场起步阶段，为了鼓励居民、节能改造主体投资可以采用财政直接补贴的经济激励方法建立基于节能改造成本的经济激励模式。在建筑节能市场起步阶段，确定财政直接补贴比例应考虑的其他因素包括：第一，应基于不同的气候区分别确定经济激励强度。由于严寒地区的节能改造成本高于寒冷地区，严寒地区的财政直接补贴比例应高于寒冷地区。第二，应基于不同的建筑类型确定经济激励强度。由于能耗大的既有居住建筑节能改造成本高于能耗小的，能耗大的既有居住建筑财政直接补贴比例应高于能耗小的既有居住建筑节能改造。第三，应基于地区的不同经济发展水平情况确定经济激励强度。经济相对发达地区对既有居住建筑节能改造成本的承受能力大于经济欠发达地区。因此，经济欠发达地区的财政直接补贴比例应大于经济相对发达地区。在建筑节能市场发展与成熟阶段采用财政直接补贴与财政贴息及奖励并重的经济激励方法。

在建筑节能市场起步阶段，建议采用居民出资比例为节能改造总成本的10% 左右；节能改造主体出资比例为节能改造总成本的 15% 左右；财政直接补贴比例不低于改造总成本的 75% 的经济激励强度。在财政直接补贴的出资比例中，中央政府占 45% 左右，地方政府占 30% 左右，同时应根据节能改造项目的具体情况，财政直接补贴比例在 75%~80% 之间浮动。在建筑节能市场发展与成熟阶段，建议采用居民出资比例为节能改造总成本的 15% 左右；节能改造主体出资比例为节能改造总成本的 20% 左右；财政补贴比例不低于改造总成本的 65% 的经济激励强度。在财政补贴的出资比例中，中央政府 35% 左右，地方政府 30% 左右，同时应根据节能改造项目的具体情况，财政补贴比例在 65%~70% 之间浮动。

（2）信贷优惠政策

信贷资金可以作为节能改造资金的重要资金来源之一。为了发挥信贷资金在节能改造中的重要作用，政府应制定信贷优惠政策，包括贷款利率、贷款期限、贷款贴息、贷款担保等内容，以便居民、节能改造主体积极利用信贷资金进行节能改造。

1）贷款期限与利率

德国既有居住建筑节能改造的成功经验就是依靠国家政策性银行提供的长期低息贷款，贷款期限长达20~25年，贷款利率比市场利率低许多。因此，借鉴德国的经验，在建筑节能市场起步阶段，为了鼓励节能改造主体通过贷款进行建筑围护结构与室内供热系统节能改造，政府宜通过国家政策性银行提供长期无息贷款；随着建筑节能市场的不断发展，政府宜通过国家政策性银行提供长期低息贷款，利率不宜高于商业贷款利率的50%，贷款期限至少在5年以上。

2）贷款主体与贷款担保

针对节能改造贷款，应由节能改造主体作为贷款主体。为了保证节能改造主体能够顺利获得贷款，在建筑节能市场起步阶段，政府应为全部节能改造贷款提供担保；在建筑节能市场发展与成熟阶段，政府应为节能改造贷款提供部分担保，节能改造主体也应为贷款提供一定比例的担保。偿还贷款资金来源于基于节能改造效果的财政补贴及奖励和节能改造收益两部分。

3）贷款贴息

为了鼓励节能改造主体提高节能改造质量，充分实现改造后的节能效果，应根据改造后的实际节能效果，对节能改造主体的贷款利息给予适当的财政贴息。

（3）税收优惠政策

税收优惠政策实质就是减少纳税人税赋，提高纳税人的收益水平。为了鼓励居民、节能改造主体积极投资节能改造，政府应制定税收优惠政策。根据各种税收的特点，在节能改造中可以使用的税收优惠政策主要包括企业所得税、增值税、营业税、城市维护建设税、教育费附加、房产税、土地增值税、契税等税种，具体内容如下：

1）企业所得税优惠政策

为了鼓励社会资金参与节能改造，提高节能改造的投资收益水平，对节能改造主体从事节能改造的投资收益实行优惠的税收政策，在建筑节能市场起步阶段，实行免征企业所得税政策；在建筑市场发展阶段，实行减半征收企业所得税政策；在建筑市场成熟阶段，实行优惠的企业所得税政策。

2）增值税优惠政策

目前，企业购买设备要按照17%的税率缴纳增值税。为了鼓励节能改造主体进行改造，对企业购买节能设备投资所缴纳的增值税给予返还。

3）其他税收优惠政策

为了降低节能改造工程造价，对节能改造项目实行免征营业税、城市维护建设税和教育费附加。为了提高居民对节能改造的积极性，对改造后的住宅实行优惠的房产税；若改造后的住宅进入市场交易，可以享受优惠的土地增值税、契税、营业税等。

4. 加快金融体制改革

金融业应为我国各项事业的发展提供助力，而要推动金融改革又必须依靠金融制度创新，在尊重市场的基础上发挥制度的强制性作用，这是深化中国金融改革的必然要求。为了促进更多的资金进入既有建筑节能改造领域并提高资金使用效率，需要宏观金融制度作保证。

（1）加快国有商业银行改革

应按照建立现代金融企业制度的要求，着力完善国有商业银行公司法人治理结构，深化激励和约束机制改革，切实加强内控和风险管理。进一步完善信贷管理体制，加快建立科学先进的全面风险管理体系。健全独立的内部审计体系，构建规范有效的内部控制机制等。通过改革，使国有商业银行真正成为现代金融企业。

（2）加快资本市场发展

发展资本市场是基础设施投融资创新的基本平台。应抓紧落实《国务院关于推进资本市场改革和稳定发展的若干意见》中提出的各项政策措施，大力发展债券市场，鼓励企业发行债券融资，加快市政债券发行试点，取消银行、信用社等参与债券市场的限制，允许其参与证券交易所债券交易；鼓励优质可上市企业在国内资本市场融资；鼓励资本市场投资，通过对股息和红利所得税实行优惠政策、进一步放宽社保基金和保险资金入市、放宽基金管理公司的业务范围、加快合格境外机构投资者（QFII）发展等措施，扩大资本市场投资者规模；放松金融管制，鼓励金融机构自主开展金融创新，搞活金融体系微观基础。

（3）加快金融开放步伐

制定金融市场的准入法规、监管法规和退出法规是开放金融领域的必要条件，因此，一是要尽快制定民营资本、外资的准入法规，其内容主要包括：对银行公司治理机构的要求；对社区银行最低资本额的要求；对管理人员素质的要求；对银行内部自律监管制度和风险管理措施的要求；对银行业务范围的规定等。二是要尽快制定民营银行和外资参股银行的监管法规，建立包括中央银行、财政部、银行存款保险公司和一些独立的民营审计公司在内的多元化金融监管体制。只有在监管法规与体系健全的条件下，才有可能实施有效的金融开放。三是要尽快制定民营银行和外资参股银行的破产法规。在银行业开放的过程中，中小商业银行的退出机制尤其重要，如果没有严格的退出机制，银行一旦倒闭，企业和群众的利益就无法保障，有可能引发整个银行业的信誉风险和金融危机。为了保证整个金融体制的稳定，必须要有银行的退出机制，要有一整套金融机构破产清算的程序。一旦银行资不抵债，就应当进入破产清算程序。必须要在破产程序中保证广大储户的利益，防止把民营银行和外资参股银行的风险集中到中央银行。

（4）加快金融产品创新

加快金融产品创新的关键是放松金融规制。目前我国金融创新产品（工具）出台，必须经监管部门审批，但实际上很多金融创新产品本身不能通过审批程序出台，产品创新和审批制度二者间存在内在矛盾。因为创新产品是没有经过实践的产品，而要审批就必须有根据，但没有实践就不可能知道产品是否会发生问题。在国外一些成熟市场，金融创新主要强调依照金融基本原理进行，大部分产品创新是金融机构创造出来的，之后如果出现不规范行为，再进行调整和规范。因此，我国的金融产品创新规制同样可以采取这种“摸着石头过河”的策略，通过适度放松规制来激励创新并在创新中改善和强化规制。

（5）加快金融保障制度创新

建立金融保障制度的目的就是保证金融体系的稳定，保护存款人和投资者的利益。一是要尽快建立和健全银行存款保险制度。没有存款保险制度就没有中小银行、民营银行。为了给中小银行、民营银行的建立开辟道路，就必须尽快建立存款保险制度。二是要加强监管制度建设，形成中央银行宏观监管、同业公会行业自律监管、金融机构的自我约束监管相结合的三级监管体系，并逐步实现由机构性监管向功能性金融监管制度过渡。金融监管制度创新的重点是在鼓励金融组织、金融市场创新的基础上，实行保护性管制和预防性管制，而不是一般性的压制。三是要构建一整套金融法规，形成一些开放性的金融危机处理机制，防范金融风险。

5. 引进节能新机制，推广合同能源管理

合同能源管理的实质是一种以减少的能源费用来支付节能项目全部成本的节能投资方式。节能服务公司（ESCO，EMC）是一种基于合同能源管理机制运作的、以盈利为直接目的的专业化公司，通过与用户分享项目实施后产生的节能效益来盈利和滚动发展。在项目开发建设阶段，节能服务公司可以为开发商做新建建筑的节能咨询、策划或者投融资；在建筑建成使用后，节能服务公司可以为有节能需求的建筑使用者作节能改造方面的工作。壮大这种节能新机制在既有建筑节能改造领域中的作用，建议如下：

（1）建立建筑能源审计制度

将能源审计工作与节能改造工作相结合，施行审计（诊断）-改造（治疗）的一体化。只有将审计工作与其后的建设改造过程统一，才能真实地评价审计结果的合理性。审计可设立用能限额，超过限额实行加价措施，增加其用能成本。建筑能源审计不只要审计建筑结构上的能耗，对于设备也要考虑，例如降低或去除现有设备“大马拉小车”、设备或管道的“跑冒滴漏”和冷热损失及某些设备（电脑、电梯等）在非运行状态下的耗能。鉴于目前我国审计工作尚未开展，因此在工作的初期阶段政府应采取适当的经济激励措施以提高审计主体的积极性。一方面，根据不同类型、规模的建筑，给予不同的经济激励政策，以鼓励建筑产权主体进行能源审计，如税收减免、财政补贴、加速折旧等。对建筑能耗巨大的大型公共建筑和政府办公楼实行强制性的审计，同时出台相应的管理规定。另一方面，给提供能源审计服务的能源服务公司给予激励，促进审计的市场化，在初期必要时还可以将审计工作授权或委托给指定的部门或公司；随着市场体系的健全，将审计工作纳入政府现有的监管范围之内，设立相关的管理部门。建立能耗信息数据库，将建筑能耗测试和管理纳入日常运行管理。

（2）完善合同管理融资模式运行中的担保机制

合同能源管理或节能服务公司（ESCO，EMC）、协会严格把关会员的入会流程，对入会会员进行评估后将授信额度具体到可以担保贷款的基本额度，这样可将担保程序简化、加快办理速度。担保对象是节能服务公司，也可以涉及 EMC 的客户。由 EMC 实施节能项目并保证项目的成功实施及其节能效益，客户自己通过银行融资，以节能效益向银行还款，同时向 EMC 支付服务费和合理利润。以这种方式实施的合同能源管理项目，EMC 能得到银行在客户资信评估方面的帮助，从而可减少 EMC 的风险。担保计划实施机构加强担保项目的在保监管，确保贷款的有效使用和效果，定期对被担保企业的经营状况和贷款使用情况进行跟踪调查，及时与贷款银行协商提出防范、化解风险的措施。

3.5 本章小结

既有建筑节能改造意义重大，关系到科学发展观的落实、节约性社会环境和友好性社会的建立和人民小康居住水平的实现。要从保证国家能源安全、实施可持续发展、推进城镇化的战略高度来认识。我国目前在建筑节能领域完成了一些工作取得了一些阶段性的成绩，但是这些工作对于整个社会的节能事业来说还只是刚刚开始。推动建筑节能尤其是既有建筑节能改造仍然是困难重重，因此，需要更广泛的参与者，更大规模和更新技术和产品，更有力的政策激励继续推动建筑节能事业的发展和全球的交流与合作。

4 雾霾治理投融资问题研究

4.1 引言

4.1.1 研究的背景

我国历经近四十年的高速发展，成为世界上的第二大经济体，但在环境上，尤其是空气质量方面存在很大问题。与此同时，政府虽然在完善相关法律制度方面做了很多工作，努力降低经济发展过程中对环境带来的影响，但就目前来看，我国的城市空气质量问题仍然不容乐观。

据统计，我国于2014年能源消耗的总量为42亿吨标准煤，其中约66%是煤炭消耗，因此煤炭是主要的消耗能源。我国在2000年的居民使用汽车量约为1600万辆，而2014年增加到约14500万辆。燃煤的燃烧以及汽车的使用在数量上持续增加，使如二氧化硫、二氧化氮、一氧化碳、颗粒物等各种空气中的有害物质的排放量不断增加，导致我国城市的空气质量随之日益恶化。有报告数据显示，在中国500个主要的城市中，只有不超过1%的城市达到了世界卫生组织（WHO）制定的空气质量标准，但是包括北京在内的我国7个主要大都市却在世界污染排名最严重的十大城市之列。2013年1月，我国共发生了4次重大雾霾天气，涉及30个省、市、自治区。其中京津冀等地区更是连续多日遭受雾霾空气的影响，甚至北京在这一个月里，仅仅只有5天不是雾霾天。据气象部门的数据统计，2013年我国平均雾霾的天数高达29.9天，比往年同期增加10.3天，创下52年来雾霾天数之最。“雾霾”因此成了2013年的年度关键词。

可见雾霾污染是我国环境保护工作中面临的重大问题，雾霾污染在全国各地的频繁发生，更加引起了社会大众的广泛关注。雾霾是一种由PM10、PM2.5等细颗粒物浓度持续积聚而形成的灾害性空气污染现象，也是人类活动和特定气候下相互作用，使大气中各种悬浮颗粒物含量超标的现象。其主要来源有两大因素，即气象因素和人为因素。其中气象因素主要包括风、温度以及湿度等；人为因素主要包括工业生产、工地扬尘、冬季燃煤以及汽车尾气等。随着我国城市化建设的不断加快，以及汽车尾气的排放和化石燃料燃烧，大气中各种悬浮颗粒含量和污染物排放量日益增加，加之城市中高层建筑物的阻滞，雾霾天的出现越来越频繁，雾霾天气不仅导致城市空气质量下降，影响生态环境，而且极大地威胁着居民的身体健康、外出工作和日常生活。从一方面来说，空气中的悬浮颗粒物（PM10、PM2.5等）的浓度增加会导致居民心血管、呼吸系统等疾病的病发率和死亡率直线上升，严重侵害了人群的健康安全。另一方面，重度雾霾天气造成路面上的能见度极低，会影响交通出行，如使高速公路封闭及飞机航班延误或取消，甚至导致严重的交通事故。同时还会影响水陆空方面的交通运输。雾霾已经危及人类健康和生命安全，因此对雾霾污染的研究不仅是当下的热点，更是迫切需要解决的实际问题。

2013 年 9 月以来，我国在《大气污染治理法》的基础上出台了《大气污染防治行动计划》，并且将环境治理工作列入各级官员的业绩考核当中，并于 2015 年对《环境保护法》进行了修订，与此同时，环境保护部门还专门派出了督查小组，对各地的环保工作进行监督和检查，希望能够在最大程度上实现对雾霾污染的有效治理。但由于多种因素的限制，使得雾霾的治理工作始终难以取得突破性的进展，甚至不少地区雾霾污染还在日益加剧。为此，对造成雾霾治理的困境进行探索，有针对性地加强雾霾的治理至关重要。

由于雾霾污染是在经济模式粗放增长和自然气候条件两方面长期作用下形成的，所以对雾霾污染的治理过程也必将十分漫长。目前我国针对雾霾的研究主要围绕两个方面展开，一方面是雾霾产生的原因、组成成分、影响因素及治理措施；另一方面是雾霾对居民健康造成的经济损失评估。然而雾霾污染的危害，不仅仅在居民健康损害层面，随着社会经济日益发达，社会经济系统各部门的关联度不断提高，雾霾对于居民健康的直接影响也会延伸到整个社会经济系统当中，从而造成很多间接的经济损失。这种潜在的关联导致的间接损失不如直接经济损失那样明显，因而常被人们忽略。我国对雾霾污染对社会经济系统造成间接影响的研究并不多见，然而这种潜在的间接影响却比直接影响更加深远，研究雾霾造成的间接投资融资情况，一定程度上比直接经济损失更为重要，更加不能被忽视。

4.1.2 研究的目的

雾霾治理、空气质量的提升涉及市民的生活以及各行各业的生产活动。通过大数据分析沈阳市雾霾污染产生的原因及带来的损失将更加有效地解决沈阳市雾霾治理上投资融资情况的问题，同时对于沈阳市周边城市群空气质量也将有很大程度的改善效果。

4.1.3 研究的意义

1. 学术意义

环境作为全世界一种不可替代的资源，其价值评估与核算成为了环境经济学的核心问题之一。随着可持续发展理念的深入和普及，环境经济的经济评估也在不断完善。利用大数据来研究雾霾污染带来的投资融资情况问题，有以下两点学术意义：

第一，结合大数据进行研究，丰富了环境经济学理论。在中外相关学术文献中，环境经济学也在不断融合中发展。大数据属于信息技术的范畴，以信息技术为先导，能够为环境经济学提供相关的理论基础。

第二，把雾霾污染与大数据相结合，创造出了新的学术研究价值。实现大数据信息技术，其战略意义不只在于人们能够收集整理数量巨大的信息数据，更为重要的是人们能够对这些含有意义的数据实现专业化的处理，进而使处理后的结果发挥巨大的社会作用。换言之，假设大数据是某一产业，那么这种产业可以获得盈利的关键之处，在于对数据的"加工处理能力"，对数据加工处理得越细致，所实现的价值也就越高。

2. 应用意义

第一，能够为决策者提供准确且有价值的参考意见。从国内外研究成果可以看出，随着时间的推移，人们更加注重对数据的采集以及处理分析。同时，近年来雾霾污染问题在中国越来越严峻，严重阻碍了我国的经济增长和社会发展，对居民的身心健康、日常生活等方面都带来了直接的侵害，并且伴随着全球互联网应用技术的飞速发展，雾霾污染问题形成的海量数据亟须大数据技术与思维技术的多方面应用。

第二，实现大数据与雾霾的结合是新的趋势和潮流。我们现在所处的社会与以往大不相同，现今科技发达，信息畅通，人们之间的联系也愈发紧密，这都使得人们的生活越来越便捷，越来越有效率。大数据就是在这样高速发展的社会中诞生的。与此同时，与大数据有关的新兴技术也一一兴起，如数据挖掘、人工智能、机器人学习等，这些兴起的技术很可能对原有数据世界里的基础理论和算法进行改变和创新，从而实现科学技术上的突破和创新。

3. 理论意义

近年来，春冬季节全国各地将会频频受到雾霾的影响，一时之间把公众紧绷的神经再次激起，使得大家再次把目光投向雾霾治理方面。当前沈阳市正处于城市化、工业化进程中的关键阶段，在保护环境的过程中不能牺牲经济，在发展经济的过程中也不能以环境为代价。

4. 实践意义

（1）促进经济环境的和谐发展

雾霾治理的过程中会导致一定数量耗能、不环保企业的淘汰，对经济带来短暂的损害。通过对沈阳经济区环境质量分析研究，进一步规范企业废气、废水排放方式，加快产业能源利用的结构的改造，推进燃煤锅炉污染治理设施升级改造。在治理过程中不应一味追求环境效益，通过适当的引导性政策建设，起到环境治理的效果，同时保护企业的经济效益，使经济发展和环境保护达到双赢的效果。

（2）促进城市群治理雾霾的经济性和共同性

空气质量问题主要体现在雾霾污染问题上。作为经济区的其他城市也存在不同程度的雾霾污染问题。雾霾治理问题不仅是单一行政区域的环境保护问题，而是跨区域的问题。只有各区域相互联系才能对雾霾的治理起到更加切实有效的作用。对沈阳经济区城市群实行雾霾治理联动机制，建立适当的联动机构，采取科学合理的管理办法，能够更好地解决城市群存在的雾霾问题，使各城市达到雾霾的共同治理。从而达到更加经济、高效、科学和合理的效果。

（3）为政府及相关部门制定治理雾霾决策提供参考

在对雾霾进行治理的过程中，不仅要考虑相关部门和企业之间的协调合作、责权分配问题，还要考虑雾霾治理过程中的经济性、科学性和效益性，对政府和相关部门的决策制定提出了一定的要求。本研究以沈阳市雾霾治理过程中的问题为出发点，利用相关经济学城市群联动发展和治理理论提出有针对性的对策建议，研究成果不仅能够为政府部门和环保部门如何高效推动沈阳地区的环境治理工作的决策提供参考，而且为以后城市雾霾治理问题如何协同改善提供了相应的借鉴价值。

（4）改善区域气候

雾霾污染还可能对气候产生不良的影响，如降低路面的能见度，减少太阳所带来的辐射（据数据资料显示，城市紫外线强度和太阳辐射强度分别要比农村减少 10%~25% 和 10%~30%。）从而导致城市佝偻病的发病率增加等问题。近年来，不少国家降落酸雨，同时雨雪中的酸度明显增高，导致河湖以及土壤的酸化、鱼类大量减少甚至部分种类灭绝、森林生长发育受到严重影响，这些问题的出现都与雾霾污染密不可分。对空气质量的改善将在一定程度上对水资源、大气资源起到保护作用，从而改善区域气候，为市民提供更加适宜的气候环境。

（5）提高居民生活满意度，增强环保意识

人类生存需要空气。但是空气污染、大气雾霾问题日益严重，已经影响到正常的生产和人们日常生活的方方面面。在影响正常生活和生产的同时，严重影响了市民的身心健康。空气污染直间或间接地影响人体,引发呼吸系统疾病、眼部疾病、中毒、癌症甚至死亡。本市居民冬季产生呼吸方面的疾病多由雾霾原因诱发引起。本研究所提出的对策建议在促进沈阳市环境质量提高的同时，可以满足居民对环境的要求，提升居民的生活质量，增强环保意识。

4.1.4 国内外的相关研究综述

1. 国外的相关研究综述

国外在很早就针对雾霾污染危害环境的影响展开了研究，其中有很多学者针对雾霾污染给人体健康的危害做出了研究。1958 年，Ridker 应用人力资本方法对当年美国由雾霾污染所导致的不同疾病而诱发人类死亡的经济损失进行了评估，结果表明，在当年美国治理雾霾污染所导致健康问题的成本为 80.2 亿美元。Ridker 的这项研究成为了估算以及评价雾霾污染所造成的人体健康方面投资融资情况研究的起始之作。美国肺病协会组织在 1985 年就开始研究雾霾对居民身体健康损害产生的经济货币损失。研究数据表明，对于雾霾污染，美国政府支付了约 160 亿美元的高昂代价用于直接医疗。再合计上美国公民大众的生病导致的社会生产率下降，最后统计结果经济损失超过 240 亿美元。

Euston Quah 等人采用剂量 - 反应法和损害函数评估了新加坡 1999 年大气中污染物颗粒（如 PM10、PM2.5 等）带来的居民健康方面的损失约为 37 亿美元。2000 年，根据加拿大安大略省的预测，每年的城市雾霾污染针对居民健康方面的问题所产生的经济损失约为 100 亿美元，其中主要的构成如下：生命质量损失约 48 亿美元；生命损失约 41 亿美元；平均每年雾霾污染带来的医疗健康损失约为 6 亿美元；每年生产力方面的损失约为 5.6 亿美元。根据世界银行技术报告针对发展中国家估算雾霾污染对居民身体健康带来影响的治理而产生的成本效益所给出的指示，假设 1994 年，曼谷所排放污染物中含铅物、可吸收的颗粒物质、臭氧以及二氧化硫等减少了 20%，那么便可产生人均约 96.5 美元的健康效益。2007 年，Carbonell 利用冲击路径法估算古巴的 3 座大型发电厂所排放出的含硫化物对于居民健康方面产生的经济损失。结果表明，电厂每年由雾霾污染产生的经济损失约为 4059 万美元，平均每消耗一千瓦电随之而来的经济损失约为 1.06 美分。2008 年，Mirasgedis 等人运用 IPA 方法估计核算出雅典地区各种类型的大中型工业生产活动所排放的如 PM10、二氧化硫、二氧化氮等工业废气对人体健康、农作物、建筑物等方面带来的经济损失进行估算分析，进而提出了针对雾霾污染对环境的影响进行改善的政策和建议。国外对于雾霾污染影响人体健康所做的剂量 - 反应关系的研究得出的成果，受到了学术研究领域的广泛认可。1991 年，哈佛大学和美国癌症研究所分别运用长期队列的研究法评估出长期性的雾霾污染与人群死亡率之间的关系。种种研究表明了雾霾的浓度对身体健康的影响波动性。最终，两所机构的研究成果都得到了美国健康效应研究所和美国环保局的有效证实。研究中的病例交叉研究法更是在后来的环境污染研究中得到了广泛推广。

除此之外，国外的相关学者还针对雾霾污染所带来的其他方面的经济损失进行了评估。David Cowell 等人根据剂量 - 反应关系进行研究，同时运用市场价值研究法评估出了欧洲地区以二氧化硫为代表的酸性雾霾污染物对建筑物和各种材料的腐蚀所产生的经济损失；Rabl A. 应用了剂量反应关系研究法以及市场价值研究法评估了法国雾霾污染对于建筑物等带来的经济方面的损失。

伴随人们对于环境价值方面问题的不断深入研究，不断完善了以环境科学和经济学为基础的环境经济损失评估方法和指标体系。1967 年，美国环境经济学家克鲁梯拉（Krutilla）在评估雾霾污染所带来的经济损失等方面做出了很多创造性和先驱性的研究。20 世纪 60 年代以来，大气环境的污染问题从最初的单一性逐渐演变为生态系统破坏和大气污染并存的复合性质的问题。在这一时期，有关环境问题所产生的成本费用问题的估算研究大大推动了对于空气、水的质量、土壤的污染等经济损失的估算研究，同时建立起以市场价值研究法为中心的环境问题投资融资情况估算方法（Dean，2002）。

由对环境资源的评估阶段上升到了对环境服务的评估阶段，由对经济效益的评估阶段深化到了人类福利的评估阶段，进而逐步形成了以替代市场研究法以及假想市场研究法为代表的新一代环境投资融资情况评估技术。现阶段，针对环境损失的估算，已经由研究微观体系的阶段上升到研究全球系统的阶段。

人们对于环境损失的评估技术以及方法的有效运用推动了相关实证的研究发展。1996 年，Dubourg 采用“剂量 - 反应法”估算出了英格兰和威尔士汽车尾气含铅的排放所带来的经济损失。2003 年 Quah 采用损害函数同时运用剂量效应法评估出新加坡大气污染物颗粒（如 PM10）带来的人体健康方面的损失，估算出了新加坡于 1999 年雾霾污染所产生的损失占当年 GDP 的比重约为 4.3%。1996 年，Cowelletal 运用剂量 - 反应法同时运用市场价值法估算出欧洲雾霾的酸性污染物侵蚀建筑物外层和其他建筑材料所带来的经济损失。2002 年，Delucchi 采用享乐价格研究方法、条件价值法以及损害函数分析等研究方法，评估出美国雾霾污染所带来的健康方面的经济损失以及路面能见度低所带来的经济损失。2001 年,Seung-Jun Kwaketal 采用了 MAUT（多属性效用理论）针对韩国首尔雾霾污染所带来的经济损失进行了评估。

雾霾是区域以牺牲环境为代价大力发展经济并长期持续的结果，现已成为全人类面临的共同问题，特别是经济发达的西方国家，早在半世纪前就经历了我国现阶段的雾霾气候，甚至更为严重。然而，许多西方国家通过多年的治理已取得卓越的成绩，在治理雾霾方面积攒了丰富经验。

（1）环境保护法的系统性建立和严格执法

西方各国在多年的雾霾治理过程中，针对雾霾治理的阶段性特点，不断颁布及完善相关法律，形成有效的法律体系并依法执行相关措施，严格遵守法律规定，有效的治理雾霾并达到预期成果，使居住在城市里的人们摆脱雾霾天气带来危及健康和生命的困境。1956 年，有着“雾都”之称的英国伦敦颁布了世界上第一部目的在于，通过严格管理控制煤炭的使用量，从而对空气污染进行有效治理的法案，即《清洁空气法》。该法案规定，位于伦敦市内的发电厂不仅全部关闭，并且随着重工业企业在内约 1.9 万项工业设施撤离城市迁往郊区，为进一步保证城市空气质量，该法案还重新规定工业建筑物建造高大烟囱的标准，不仅要降低污染物的排放量，还要求加强污染物的疏散功能。除上述行为外，英国政府还进行大量投资，将城市居民普遍使用的传统炉灶改造成为使用天然气的形式，并在冬季采取集中供暖的方式，来减少城市居民的煤炭消耗量。英国政府创造性实施治理空气污染的法案取得了显著的成果，树立成功治理雾霾的典范。英国政府通过半世纪的严格遵守法律和严厉执法、坚持不懈治理雾霾，成功将伦敦摘去“雾都”的帽子，今天的伦敦已成为全世界游客纷纷向往的美丽都市。

（2）政府公开监控信息并接受监督

1997 年，美国环境保护当局第一次提出将 PM2.5 微粒纳入到全国的空气质量监测当中去，同时将 PM2.5 微粒的实时监测结果和次日的预测数据发布到政府官方网站上，公民可以通过手机或其他移动端上网查询城市 PM2.5 微粒的含量数值、臭氧含量监测数据以及空气质量的总体状况等。该网站用不同的颜色划分空气检测标准以表示空气污染程度，深红色表示“危险”，紫色、红色、橙色、黄色依次减轻，绿色表示“良好”。该网站在已有的空气质量监测结果的基础上，提供给社会公众相对良好的出行建议。当空气污染严重时，该网站会要求市民控制户外出行时间和户外活动强度，通过减少室外有害气体及颗粒物的吸入来降低对市民身体的损害。随着该网站长期运营，美国环保署等机构合办的 AIRNow 网站增加其他特色功能，包括查询全美各地动态空气质量指数图、PM2.5 含量数值图以及根据检测的指数所列出的全美国空气质量最差的五座城市。

（3）发展绿色交通、加快绿化进程

西方国家治理空气污染的重要手段之一是发展绿色交通和加快城市绿化进程。20 世纪 80 年代的英国，由于汽车数量日益增多，汽车尾气排放所造成的空气污染已经不容忽视，城市深受由汽车尾气造成空气污染的威胁。英国政府为减少汽车尾气排放采取一系列行动措施，包括发展公共交通、控制私家车数量的上升和鼓励步行、骑自行车等多种出行方式，并要求出行的汽车安装尾气净化设施以减少汽车尾气有害物质的排放。不仅如此，英国政府还扶持汽车制造企业研发与制造新能源汽车，并在 2015 年完成 2.5 万套电动车充电装置的建设，公民购入电动车还享受高额补贴和免除汽车碳排放税、停车费等优惠政策。英国政府关于出台汽车排放尾气的一系列政策足以表明英国政府治理雾霾的决心。英国政府治理雾霾的另一有效措施是发展城市绿化以提高空气质量改善大气环境。英国政府采取的主要措施有建设绿化带缓解城市雾霾效应、扩建公园绿地为公民提供健身场所、保护自然植被减少人为破坏、发展城郊森林和原生态湿地等以城市为中心向外扩散的绿化方式提高城市空气质量，为公民提供更舒服的生活环境。经过几十年的坚持与努力，现在的伦敦市绿化覆盖率已经超过 40%。

2. 国内的相关研究综述

我国在环境污染对投资融资情况评估和计量的研究方面起步比其他发达国家较晚一些。张慧勤、郭孝民在《公元 2000 年中国环境预测与对策研究》（1990）中，第一次对我国环境污染造成的经济损失进行估算。1990 年，以张慧勤和郭孝民两人为主，研究评估了“六五”期间的环境投资融资情况。这项研究在计量方法的选用、数据的分析处理以及结果的正确表述等方面都产生了比较高的学术价值和实用价值，他们所运用的研究方法被人们称为“郭 - 张模型”。进入 20 世纪 90 年代之后，污染损失的评估再一次引起广大研究人员的重视。1997 年，夏光估算出 1992 年我国环境污染产生的损失值约为 986.1 亿元，但是因为该项研究中所核算的环境污染损失因素不够全面（例如，没有加入乡镇企业产生的污染损失），使得实际发生的损失值远远高于其估算值。在 1999 年，郑易生等人以 1995 年为基准，核算我国环境污染带来的经济损失约占当年 GNP 的 3.27%。

在区域方面的环境污染研究当中，1993年，颜夕生采用机会成本法、市场价值法等，估算了江苏省农业环境污染所产生的经济损失，指出20世纪80年代末江苏省农业污染产生的经济损失约占当年农业生产总值的6.6%；在专项的污染损失评估方面，相关的研究也取得了非常大的进展。例如，针对大气污染的损失评估，2001年，李莹等人采用意愿调查法对北京市的大气污染问题进行了调查和分析。根据结果显示，在其研究范围的5年内，若想实现对大气污染物质浓度降低50%，1999年北京市居民每年每户愿意为之支付的价格为143元。2002年，郝吉明研究出可评估我国由于硫沉降而导致森林损失的函数，即剂量-响应函数，并且以湖南省为例，以1995年作为基准，评估出2000~2020年在二氧化硫排放高中低3种情况下的森林植被损失。1997年，杨志明等人采用损伤函数和市场价值法对广东、广西两省由于酸沉降破坏材料造成的损失进行了评估，计算出这两个省区大气环境腐蚀材料造成的损失占全国GDP的比重分别约为1%和0.9%。

按照大气污染对不同受体的影响来看，我国关于大气污染损失的研究主要集中在人体健康影响和农作物减产方面。我国学者对大气污染引起的人体健康损失的研究做的较多，在2004年阚海东以流行病学研究为基础运用剂量反应关系对上海市2001年由于大气颗粒物带来的投资融资情况进行了评估；2004年，曹洁利用支付意愿法和人力资本法对陕西省由于大气污染而带来人体健康方面的投资融资情况进行评估，并且计算出符合陕西省大气污染对人体健康所带来的投资融资情况参数；2010年，桑燕鸿等人采用人力修正法，分析了大气污染对人体健康造成影响的投资融资情况因素，同时估算出了广东省由于大气污染而产生的人类过早死亡的人力资本损失以及由慢性支气管炎等疾病的发病而带来的人力资本损失。1997年，张林波等人通过研究酸雨pH值和二氧化硫浓度对农作物生产数量的单一影响模型以及复合影响模型，估算出了浙江、江苏、福建、安徽等七个省份受到酸沉降危害而造成的农作物减产量，与此同时利用市场价格法估算七个省份农业的投资融资情况。2002年，吴劲估算出安徽省铜陵市1999年的酸沉降对农业生产造成的投资融资情况高达101.15万元，同时预测出2010年上述损失为97.01万元。

尽管国内相关研究在计算方法、指标选取以及数据来源等方面仍存在差别，但无论是对总体污染损失测算，还是区域或专项污染评估，现有研究成果大都支持了“我国环境污染造成了严重的经济损失”这一基本判断，并为后续的深入研究和政策制定提供了依据。

4.1.5 国内外研究导向

从本质上讲，我国和国外在研究雾霾污染导致的投资融资情况在研究方法和理论上基本一致。首先，雾霾因子的考虑主要以可吸入颗粒物为主。其次，雾霾污染影响的受体基本相同，大概以人体健康投资融资情况、农业作物投资融资情况和生态破坏损失这几点为主。由于人体健康的损失占比较多，所以我国和其他国家都以此作为重点研究对象。对于研究方法而言，国内外基本都会选择人力资本法、恢复成本法、意愿抽查法、生产函数法这个几个基本方法作为研究的主要方法。在损失评估方面，将雾霾污染造成的损失进行货币价值量化，用货币价值来表示造成损失的具体数额，在研究结果中体现，使得计算更加易于理解,也易于与不同的因素之间相互比较。最后,在评估雾霾污染损失时，一般选择一个方法来得到雾霾所造成的物理损害。在不同损失受体间逐一确定。但是，我国与欧美等发达国家在雾霾损失研究领域比较还存在很多不足之处。

第一，欧美等发达国家采用流行病学资料对雾霾导致的健康损失进行了多项考察与研究，即剂量反映关系研究。但这是我们国家的技术领域未曾达到的，我国参考欧美等发达国家的研究方法，建立了 meta 分析体系，但是这种方法覆盖并不全面，它主要是对雾霾的影响通过横断面研究方法，去评判雾霾的危险度，这样的结果只能用来参考而不能运用于实际决策。得到学术认可的是雾霾对受体死亡率和各种慢性疾病的剂量反映关系，这都是我们所欠缺的。在沈阳市开展的短期序列研究和长期暴露队列研究仍然不够科学具体。虽然各方面对于沈阳市区已经达到学界认可目标，但是某些县（区）仍然无法得到准确数值。在沈阳市周边城市也没有获得 PM2.5 的剂量反映关系准确数值，使得周边城市的环境变化对于沈阳市的影响不能提前预测，相关研究成果也有待开拓。

第二，我国在 1996 年以前，并没有建立雾霾污染检测体系，而国外早已把 PM2.5 对人体和农业的危害列入系统的研究中。这就表明我国的雾霾污染研究出现了与国际研究脱轨的结果。在很多三线、四线城市，我国并没有建立雾霾检测体系，沈阳市更是在 2000 年之后才开始着手处理雾霾监测网络的建立。导致雾霾污染数据相对缺乏，而且沈阳市仅仅有 TSP 数据，针对 TSP 展开的研究也有其局限性。现今欧美发达国家也早已开始了重金属对雾霾的形成以及健康危害等的研究，我国与其相比尚未对 PM2.5 的理化特点和雾霾造成的环境变化展开系统研究。没有相应数据，这给评估沈阳市雾霾污染造成的损失带来一定难度。我国的步伐急需加快，将锗、镉、铅等重金属的相关内容也列入研究之中。

第三，我国国民的思想观念、价值观念、环境保护理念也有不成熟的地方。由于雾霾没有市场利益可言，人们不愿意支付其治理的相关成本。再加上计算数据的缺乏，人们也没能理解到雾霾对于每个人切身实地的伤害。例如死亡率、患病率等对于人们的影响，是未知且不确切的，这会导致公共资金的缺乏。然而欧美国家对于雾霾导致的环境变化给大众带来的危害评估，已经相对成熟，对于环境保护治理支出已经达成公共共识，使得雾霾治理更为有效便捷，研究力度更大，财政支出也更有针对性。这都是沈阳市民乃至全国人民所欠缺的。

4.2 研究方法及概念界定

4.2.1 研究的思路和方法

1. 研究的思路

在相关国内外文献搜集、梳理和分析的基础上，作者团队将对雾霾污染严重的地区进行全面深入考察，并对投资融资在雾霾治理过程中的应用状况进行调查，搜集雾霾在投资融资评估过程中普遍存在的问题，查找造成雾霾污染损失的因素，并进行评估，并在此基础上提出有针对性的对策建议。

2. 研究的方法

（1）文献研究法。搜集国内外有关大数据与雾霾防治相关的文献，对资料进行分类汇总，重点研究我国有关大数据应用、雾霾治理出现的问题、并对所在区域进行环境投资融资情况评估。

（2）调查研究法。重点对辽宁省具体雾霾污染损失情况进行集中调查研究，在调查的基础上对省内各地区的雾霾污染损失进行纵向和横向地对比分析。

（3）定性分析与定量分析法。以大数据为基础，通过对雾霾产生治理过程中，产生的污染损失采用相关的模型进行处理分析。查找其中损失最严重的因素，找出其根源所在。同时，结合辽宁省具体生态情况，对比近几年来的环境污染损失情况，查找内在的关联性，并作进一步分析。

4.2.2 雾霾治理投资存在的问题及投融资模式分析

我国雾霾污染形势严峻，政府十分重视雾霾的治理，雾霾治理投融资市场潜力巨大，但伴随的是政府资金的缺乏，环保 PPP 模式已经成为解决雾霾治理投融资的一服良药。在对现实情况简化分析的基础上，通过对投融资进行博弈分析，初步探讨解决雾霾问题的关键原因。利用进化博弈理论，建立政府 - 投融资群体进化博弈模型，得出在不同初始条件下的“进化稳定策略”，即实施积极激励，进行雾霾治理投融资和不实施积极激励，不进行雾霾治理投融资。根据对政府 - 投融资群体进化博弈动态演化趋势图的分析，得出政府在现阶段应该适时相对加大经济激励的力度，才能够使模型趋向进化稳定策略状态进行演化。雾霾治理的重点难点在于污染范围广、空间尺度大，导致其治理投资大,实施开展困难。雾霾治理缺乏良好的收益机制,要治理雾霾，只有依靠政府，这就给政府带来了巨大的压力。因此，探究合理的雾霾治理对策，优化新型的雾霾治理投融资模式，对我国雾霾治理及投资管理具有重要的指导意义。

公私合营（Public-Private Partnership，PPP）模式能很好地应用于基础设施建设领域，在提高基础设施项目供应能力的同时能够很好地利用社会闲置资金，解决建设资金短缺问题。国内外学者在 PPP 模式下分别在对不同的公共项目进行分析，RobertEadie 等人研究 PPP/PFI 在英国运输和医疗保健方面的资金花费应用问题；DanielW.M.Chan 等人分析了香港和北京实施 PPP 模式的潜在障碍因素；AshwinMahalingam 研究了印度实施 PPP 模式的经验，包括阻碍、动力因素及发展路径；孙洁对 PPP 项目运作的难点进行了分析，指出了 PPP 项目实施中应注意的重难点;李佳嵘，王守清针对我国 PPP 模式应用现状，通过对比分析 PPP 项目的前期决策体系进行改进和完善。

随着我国逐渐对环境问题的重视，以及对污染企业开征环境税，PPP 模式也会使更多的环保治理服务项目去使用和推广，这将加快环境治理的进程。在政府资金不足情况下，是获得高效的项目融资方式。

博弈论又称对策论，是系统研究各种博弈问题，利用数学模型研究冲突对抗条件下选择合理的策略以及产生的结果，获取最优决策问题的理论。近代博弈论的重要推动者是美国经济学家冯 · 诺依曼与奥斯卡 · 摩根斯特恩，他们于 1944 年合著的《博弈论与经济行为》被公认为是关于纯粹竞争的理论，也标志着博弈论的诞生。近些年来，博弈论在经济学中得到广泛的运用，博弈分析理论是从博弈的角度分析投入到投融资领域，针对市场设计者、捕猎者和猎物的意识、习惯、行为、利害及心理状态，以此来剖析市场本质，获得最优的策略,使参与方获得最大收益。以博弈的模型可以对博弈双方行为进行假设分析，获得解决问题的有效方法。

在分析雾霾污染现状和雾霾治理措施的基础上，把博弈分析法应用到环保 PPP 模式下雾霾治理及投融资管理中，通过基本假设，构建政府与投资群体的非对称博弈模型。进行政府和投融资群体进化博弈分析，通过模型计算政府群体期望收益和投融资群体期望收益。根据上述双方的进化博弈结果，绘制两者进化博弈动态演化趋势图，为我国雾霾治理的投融资提供理论指导和科学依据。

4.2.3 概念界定

1. 雾霾的概念

雾霾指在某一时期的气候或者人类行为的相互作用下，大气中的各种有害的悬浮颗粒物含量超标的环境污染现象。雾霾是雾和霾的统称。其中雾是在近地面的空气中，大量存在的微小水滴或者冰晶体组合在一起而形成的水汽凝结物；而霾是一种由于大量烟、尘以及硫酸、硝酸、有机碳氢化合物等粒子悬浮在空气中，而使水平能见度小于 1000m 的现象。霾的核心物质是空气中悬浮的灰尘颗粒，被公众所熟知，危害也较大的就是 PM2.5（直径小于等于 2.5μm 的颗粒物）。细颗粒物（PM2.5）是指在人们所处的空气中，颗粒物的空气动力学当量直径小于或等于 2.5 μm的一类物质。它能够在相当长的一段期间内悬浮在空气当中，这种颗粒物在空气中的浓度含量越高，就表示空气的污染越严重。虽然 PM2.5 在地球大气的组成部分中占比很少，但是它对于空气的质量问题和地面能见度问题等的影响十分重大。与直径较大的大气颗粒物相对比，PM2.5 颗粒物的直径小，活动范围大，活动强度高，容易携带有毒、有害的物质（例如重金属、细菌、微生物等），同时在大气中活动的时间较长、输送的距离较远，因而对人体健康和大气环境质量的威胁也更大。近几年来，对 PM2.5 的研究成为国际大气污染领域的讨论热点和前沿。纵观国内外各发达国家的发展历程，工业化的高速发展以及环境恶化的日益加剧都是难以调和的社会矛盾。因此，辽宁省作为老工业基地，其空气质量情况不容乐观，积极改善空气环境亦成为工作的重中之重。2014 年春季，辽宁省大部分地区有大范围、多发性的、持续性的 PM2.5，严重的空气污染在影响人们身体健康之外，也从多方面对辽宁经济的发展产生了影响，而分析 PM2.5 对辽宁经济产生的影响是当前促进辽宁经济发展的一项重要工作。

雾霾天气主要由空气中的 PM10、PM2.5、二氧化硫、氮氧化物以及可吸入颗粒物等物质引起的，它们与雾气相结合，便会使天空瞬间变得灰暗阴沉，同时也对人体的健康和社会的发展等各方面产生不利的影响。雾霾产生的具体原因主要有工业生产所排放出的高浓度废气，冬季各地区燃烧煤炭所排放的大颗粒烟尘，居民驾驶私家车等交通工具所排放的尾气，以及建筑工地和道路施工所产生的扬尘等。在此基础上，如果近地空气中湿度含量相对较大，且大气层较为稳定的情况下，通过大气辐射降温，湿空气就会非常容易饱和凝结进而形成雾霾。随着我国城市化建设的不断加快，以及汽车尾气的排放和化石燃料燃烧，大气中各种悬浮颗粒含量和污染物排放量日益增加，加之城市中高层建筑物的阻滞，雾霾天的出现越来越频繁，已经危及人类健康和生命安全，对雾霾天气的研究不仅是当下热点，更是迫切需要解决的实际问题。

2. 大气污染产生的理论分析

大气污染的外部性为负，对人类社会的生产和生活，尤其是对于居民的健康方面产生了负面的影响。“外部性”这一概念，最初是由马歇尔的其经典著作《经济学原理》中提出来的。外部性又被称为外在性或者外部效应，是指由市场作为主体而发生的行为所产生的成本或者收益，并且没有全部的由行为人本身作为承担者。外部效应有正、负两种，具体内涵如下：首先，外部正效应是指当某一生产者或某一消费者所做出的行为使其发生的成本不完全由自己承担的时候，外部产生了经济的效应；其次，外部负效应是指当某一生产者或某一消费者所做出行为实现的收益不能完全由自己享有的时候，外部产生了不经济的效应。无论是外部性为正还是外部性为负，都会导致私人收益与社会收益、私人成本与社会成本的不一致，从而使社会对资源进行无效率配置。由于做出负外部性行为的经济主体不需要为他们所做出的行为付出必要的代价，就会使得负外部性在经济市场中形成大规模和高速度的扩展，进而使大气中的雾霾污染不断恶化。

雾霾污染是能产生坏影响的公共性问题，其主要的特点有两点。第一，一旦雾霾污染产生，每一个社会公众的身心健康都将会受到其威胁和影响，如果想要躲避这种威胁的产生是难以实现的，或者成本费用将会很高，我们将此称为非排他性；第二，雾霾污染对在同一环境下的每一个社会公众的身心健康都会产生不同层次的影响，因此社会居民人口数量的增加，并不能使每一个社会居民受到污染影响的程度减少，换句话说，在这里所说的雾霾污染具有非竞争性。雾霾污染是一种能产生的恶劣影响的公共性问题，对于每一个社会居民来说，无论其是否支付代价治理雾霾污染，都能够呼吸到治理后的清新空气。因此，从个人利益出发，每个个体都希望由他人支付治理雾霾污染的成本，而自己却不用对此支付费用就能够享受与大家相同的社会福利，这一现象导致了“免费搭车”的社会问题。在自由的经济市场中，缺少对坏的公共品治理的鼓励机制，可能会导致严重缺乏对雾霾污染治理的投资，甚至个别地区此项投资金额为零。

大气环境方面的资源缺少明确的产权机制。以科斯为代表的产权学派认为，资源产权的专一、安全和明晰是确保市场运作场机制有效进行的基本因素。据科斯研究，如果一种资源的所有权没有排他性，那么市场主体就会过度利用这种资源，进而造成“公地悲剧”的现象。然而地球的大气环境作为一种人类稀缺的环境资源，其本身的不可分割性使得人们不需支付费用就可享用这种稀缺资源；在产权不明确的情况下，即使每个经济个体对雾霾污染所造成的负面效应都有了清晰的认识，但是仅仅从污染对个体本身产生的影响方面出发，对个人利益最大化的追求促使下，导致经济个体毫无节制地对空气中排放有害的污染物。

雾霾污染的信息具有不对称性。在每一个经济主体对于个人最大利益的追求和个人机会主义行为的驱使下，他们就会故意去隐藏某些对己不利的信息，从而使得整个市场信息稀缺和不对称。举例说明，在空气中排放雾霾污染物的企业对其行业生产的产品和具体的污染物排放数据以及排放污染物所产生的危害可能都非常了解，但就个人利益来说，他们便不会将这些信息免费提供给政府和社会公众使用，而会向需要这些信息的组织或个人收取昂贵的信息成本费用。如此在国家治理雾霾污染时，相关部门便会难以针对排放污染物的企业实施有效的处罚。

站在经济学的层面上来研究问题，如果一个经济个体出现有损公众利益的行为或者政府出现有漏洞的制度，那么雾霾污染就会随之而产生，市场机制和政府调控的失灵是这一现象的主要表现形式。市场的运作机制通过完全竞争市场的运作能够配置资源，使其效率达到最佳。然而在具有负的外部性、产权不明晰、信息不完全等特征的雾霾污染情况下，就难以具备市场正常运作的基础条件，单纯依靠市场调节机制就无法实现资源的有效配置，即所谓的市场失灵。在传统的福利经济学理论下，如果出现市场失灵现象，则必须由政府介入到资源的配置中去。此时，政府作为提供公共物品的主体并对大气环境的产权进行界定，从而就会消除外部性负面性质、矫正市场的失灵现象，提高资源配置的效率。从理论上讲，此时的政府应超越纯个人主义，去追求公共利益的最大化，为全体社会公众谋福利、谋发展，然而政府的工作人员也可能会将其个人的利益带入到政府决策中去，从而便会导致政府的失灵。

4.3 雾霾治理投融资分析

根据《国家环境保护“十二五”规划》中的规划目标，我国在未来五年内环保投资规模将会加大，社会需求3.4万亿元左右，是“十一五”环保投资2.16万亿元投资的1.5倍，其中在3.4万亿元的环保投资中，作为重头戏则是投资达1.5万亿元的环保重点工程。工程多数属于具体环境领域，例如主要面向污染物产生较高的行业，针对雾霾产生的有害物质硫以及粉尘等污染物的源头，资金的支持必然会对雾霾治理卓有成效。

我国加紧对环境治理方面投资，那么首当其冲便是与我们密切接触的雾霾治理工作，有了国家层面上的支持必将会带动雾霾治理投融资产业的发展，使得环保雾霾治理中资金的注入逐年增加。随看我国经济的高速的发展，环境污染问题，特别是大气污染中的雾霾天气也产生，我国以一种粗放型的发展模式，带动经济发展的同时也给环境带来损害。如果按照投资总量计算，我国每年环保投资总量约为GDP的1.4%，对于专项的资金用于雾霾治理将会更加紧张，所以说雾霾治理的资金缺乏制约雾霾治理工作的进行，同时政府在雾霾治理方面对投融资的政策激励措施不明显，导致雾霾治理停滞不前。

4.3.1 雾霾治理投资存在的问题

当前，我国雾霾治理投资方面存在着地区协同不足等问题，直接制约了治理开展实施。我国不同区域、城市之间的经济发展状况及对雾霾治理问题的重视程度有着很大的分歧和差异，地区之间治理雾霾也存在着很大的协同不足问题，资金量相对较少，使得各个地区和城市之间“各自为战”，缺少合作，资金不集中，造成了区域整体污染，资金不到位的状况。这主要表现在以下两个方面：

地区间经济发展水平的不同，对环境观念理解的不同，必然使投入环保的地区差异导致不同标准、监测、监控及处罚体系，从而影响整个区域的空气治理。企业追求的是利益的最大化，带动当地经济的发展，但是如果所在的地区实施严格大气污染物的法规以及超标排放处罚的经济和行政措施等，企业将会根据成本计算，会转移一部分相关产业进入要求较低的地区，这样就造成了雾霾污染的扩界转移，影响转入地的空气质量。同时在转入地产生的大气污染物将会继续向周边扩散，进而影响转出地的空气质量，使得转出地的雾霾治理效果大打折扣。以北京为例，尽管在空气质量，特别在雾霾治理方面执行着最严格的标准，但周边河北区域实施的控污标准、执法力度不同，北京雾霾治理措施也往往因周边污染传输而抵消其效果。

对于补偿机制、配套、技术投入等资金管理方面缺乏全面统筹。雾霾治理是系统的、全局的，但是雾霾治理属地管理，地区经济发展的不平衡，对环境治理的专项资金缺乏，导致雾霾治理的差距，使得雾霾工作无法达到预期效果，即使相邻的地区开展高要求的雾霾污染治理工作，但是当地政府无权过问转入地区的行政问题，那么本地政府治理雾霾的效果减弱，既会挫伤本地政府治理雾霾的积极性，也会加剧整个区域的雾霾污染程度。

4.3.2 雾霾污染成因分析

城市群雾霾成因是由地理位置、气候环境、人类活动等多方因素综合影响的结果。通过对该区域内的气象资料以及实地调研，可以将雾霾成因归纳为以下几点：

1. 地理环境因素导致雾霾扩散慢

大气的稳定度是影响污染物扩散的一个非常重要的原因。由于气候变暖，冬季大气的结构变的极不稳定，对流强烈，使污染物有了可乘之机，迅速扩散。而当大气结构稳定下来之后，对流激烈程度减缓，污染物就不易扩散了，特别是当风力过小甚至无风的时候，低空的大气稳定，污染物全部聚集起来，会对地表产生严重的污染情况。沈阳经济区上空的大气层相对来说处在稳定的程度，并且经常风力过小，特别是贴地风力的强度相对于非贴地风力的强度较强。这种气象条件会使得沈阳经济区的空气流动能力降低，也就是自净能力非常弱，大气污染物的排放无法在短时间内得到彻底清除。

2. 冬季采暖

冬季进入供暖期后，造成雾霾天气的主要原因是集中供暖燃烧煤炭产生大量废气、粉尘及颗粒物质扩散到空气中的结果。通过煤炭燃烧使热水输送到全城居民用户中达到取暖的作用，但同时大量燃煤严重污染了城市空气环境。由于城市中高楼林立，污染的空气受到阻滞无法扩散周边以降低自身的污染浓度，使大城市长期处于雾霾气候中，至冬季供暖期结束后才能得到缓解。同时，重工业企业在生产制造中产生的废气、颗粒物质及粉尘等污染进入空气后，对大气污染有一定负面影响。

从图 4-1 可以看出，整个经济区各城市在 10 月至翌年 1 月份，在空气质量标准值以上的范围明显，超标天数居多。从 11 月和 12 月来看，经济区 8 个城市的空气指数达到了 100 以上。

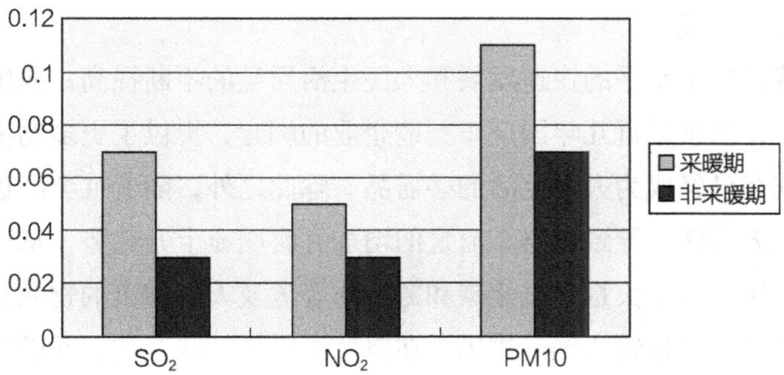

图 4-1　2014 年采暖期和非采暖期 SO_2、NO_2、PM10 三项污染物浓度（数值单位：μg/m³）

3. 燃煤发电

我国的电力供给为火力发电，火力发电则需要燃烧大量粉状煤，完全燃烧粉状煤会产生二氧化碳、不完全燃烧粉状煤会产生一氧化碳以及未燃烧的粉状煤直接进入空气中，严重污染空气质量。尽管各大电厂按照国家规定排放气体颗粒等物质，但是大量的二氧化碳、一氧化碳及粉尘颗粒长期扩散到空气中，严重破坏大气平衡，不仅造成温室效应，也是形成雾霾天气的主要原因之一。

4. 工业废气

北方地区是老工业基地，主要以重工业、制造业等生产型企业为主，还有很多化工厂、制药厂、炼油厂等工业生产型企业分布在各省内各地区。对于工业生产型企业，在加工制造过程中不可避免地排放制造废气和制造垃圾，废气以及垃圾扩散到空气中的粉尘颗粒长期排放将会在一定程度上影响空气质量，加速雾霾形成。

5. 秸秆焚烧

在秸秆焚烧时，大气中二氧化硫、二氧化氮和可吸入颗粒物的含量达到一个非常高的值。二氧化硫的含量比平常高了 1 倍，二氧化氮、可吸入颗粒物的含量比平常高了 3 倍。

与此同时，随着人民生活水平的日益提高，家用电器的使用越来越普遍，农民对柴草的需求也逐渐降低；由于受成本及时间的制约，农民多采用机械收割，但机械收割弊处在于其作业过程中作物留下的秸秆较多，对下季农作物的种植有影响，秸秆处置的费用过高，所以出现焚烧农作物秸秆的现象。

由于秸秆的科技转换效率低，转换成本高。对于农民来说最直接的处理方法便是焚烧，而通过焚烧获得的草木灰是一种肥料，种种原因必然驱使农民采取最简单经济的方法处理。

6. 机动车尾气

随着我国经济水平的快速发展和人民生活质量的不断提高，我国私家车数量逐年增多，特别是近几年国产车制造企业的崛起，提供了更多物美价廉的汽车，使私家车已经成为人们生活的必需品。除此之外，随着社会的进步，网约车颇受年轻人青睐，导致道路车流量的增加并有明显上升趋势，从而加剧尾气排放。汽车尾气包含大量一氧化碳和氮化物等危及人体健康的物质，特别是其含有大量的铅，大量铅从尾气排出后在空气中以微粒状存在，并随空气四处扩散，严重破坏了大气环境，是导致雾霾天气的重要因素。

机动车尾气排放所造成的污染随着事件呈现一定的变化趋势，在傍晚上下班时间呈偏高趋势。生物质燃烧主要是在 18 时到 22 时造成污染。但是值得注意的是，重型柴油汽车夜间行驶致使的污染比白天还要严重。

7. 燃放鞭炮烟花爆竹

自古以来，中国人每逢节假日都会放鞭炮，以示欢庆和喜悦，特别在冬季的春节元宵节等，必然会使 PM2.5 直线上升。

燃放烟花爆竹会产生大量二氧化硫、二氧化氮、二氧化碳、一氧化碳等有害气体。其中二氧化硫和二氧化氮有比较强烈的腐蚀性以及刺激性。如果燃放鞭炮时是在无风或低气压的状态下，会出现无法散开的现象，人的呼吸系统会受到刺激，进而引发与呼吸系统相关的疾病。而且燃烧后留下的物质、碎片会对市政环境产生第二次污染。

4.4 研究分析与设计

4.4.1 雾霾污染的相关理论分析

大气中 PM2.5 来源广泛，工业生产、火力发电、汽车尾气排放、道路扬尘、生物质燃烧等过程中向外环境释放的残留物都会产生 PM2.5。因为污染源的种类多种多样，导致 PM2.5 的成分复杂多变。同时由于其具有粒径小和比表面积大的特点，造成其在大气中存留时间长和被人体吸入的可能性增大。PM2.5 经人吸入体内后，甚至可以进入到肺泡和血液中，进而导致血液中毒以及与心、肝、肺功能障碍有关的各种疾病。PM2.5 在我们生活环境的空气中存在的数量极大，如今已经成为造成空气污染的重要诱因。虽然 PM2.5 在整个地球大气成分中的含量只占有很小部分的组成，但是它还是对我们生活的空气质量和日常生活的能见度等环境问题有十分严重的影响。和比较粗的大气颗粒物比起来，

PM2.5 颗粒直径小，但实际影响范围十分大，而且活性强，不易驱散，最重要的是十分容易附带有毒、有害的物质（比如一些重金属颗粒、微生物等），而且在大气中的滞留周期长、可以传送覆盖的距离很远，同样也因为这些原因，才使得 PM2.5 对我们的身体健康有很大危害，而且对于大气环境质量整体上的影响更是十分巨大。

空气中 PM2.5 的质量浓度不仅可以较准确地反映空气污染的程度，还可以对人们的健康起到预警作用，因此近年来得到越来越多国家和相关机构的关注与重视。1997 年，美国的相关部门首次在制定的空气质量标准中着重规定了针对 PM2.5 的相关环境质量标准。2005 年，世界卫生组织（World Health Organization，WHO）也专门制定了针对 PM2.5 的准则值，与此同时因为对此的处理难度较大，还额外设置了三个过渡期的目标值，为和我国一样处于发展中国家和地区提供了更为合适的阶段性目标。不同国家 PM2.5 质量浓度标准限值差异显著。其中澳大利亚标准最为严格，其质量浓度年均值和 24h 均值分别为 $8\mu g/m^3$ 和 $25\mu g/m^3$，其年均值甚至低于 WHO 规定的准则值。但是亚洲国家中，目前只有日本颁布的关于 PM2.5 质量浓度环境限制较低（年均值 $15\mu g/m^3$，24h 均值 $35\mu g/m^3$），而中国、印度等国的标准限值均较高。我国在 2011 年的时候就颁布了新的环境空气质量标准，其中的二级标准将 PM2.5 质量浓度的年均值和 24h 均值分别定为 $35\mu g/m^3$ 和 $75\mu g/m^3$，达到 WHO 规定的过渡期目标，于 2016 年实施。

环境空气质量越好的国家，其标准制定越严格，我国在标准制定上较为宽松，这跟我国现今正处于发展中国家这一国情息息相关，但我国对于空气质量标准中关于 PM2.5 标准的出台，足以表明我国 PM2.5 的污染问题已经到了相当严峻的程度，因此对于 PM2.5 的控制已刻不容缓。

4.4.2 雾霾治理投资群体之间的博弈分析

1. 基本假设

政府和雾霾治理投融资群体是 PPP 模式下雾霾治理投融资项目中博弈参与方。政府制定的相关经济政策对投融资群体具有指导作用，能够实现相应的政策目标，同时对相关投融资市场进行掌控和规范；投融资群体作为博弈的另一个群体会对政府出台的政策以自身利益为中心做出响应。

在雾霾治理过程中博弈双方为有限理性决策主体，政府部门对雾霾的治理掌握较多的信息，对投融资的金融市场掌握的信息相对全面，对收益信息掌握程度较高,因此把政府看作有限理性决策主体。投融资群体由于自身所处位置,对信息的掌控和分析能力具有局限性,需要进行模仿、学习、调整等,使得博弈达到平衡,所以雾霾治理投融资群体也视作有限理性决策主体。

政府和雾霾治理投融资群体作为两个博弈群体,会有着各自的选择集合,政府的政策选择集合为{实施积极激励,不实施积极激励}={$P1$,$Q1$},雾霾治理投融资群体的选择集合为{雾霾治理投融资,不进行雾霾投融资}={$P2$,$Q2$}。

2. 确定损失项目

确定了雾霾构的成因子后,我们就要分类雾霾所造成的影响,确定雾霾造成的损失类别,以便后续进行明确损失数值的计算。一般来讲:雾霾造成的主要影响表现在如下几个方面:

人体健康损失。雾霾在产生极大的经济损失同时也会对人体健康造成很严重的危害。首先,雾霾会强烈刺激出行者的眼睛、皮肤和呼吸系统,引起结膜炎、支气管哮喘、鼻炎咽炎等呼吸道疾病,从而增加人体的疾病发病率、死亡率。此外,雾霾还会造成经济损失,即由于身体的疾病产生的医疗费、就诊费、住院费等。

农作物损失。雾霾在影响人体健康的同时也会影响农作物的发育、生长和产量。特别是在严重的雾霾天气下,农作物、饲料作物、瓜果蔬菜作物等产量都会大大减少,这同时造成相应的农业经济损失。

生态系统损失。雾霾会直接对生态系统中的各个生态系统单元产生危害,如:水、土壤、动植物等。更严重的是,通过食物链的传递,部分不确定的有毒物质会造成危害的连锁性,严重情况下会严重影响生态系统的整体平衡。

清洗费用损失。雾霾会污染出行人们穿戴的衣物,由此产生的衣物洗涤损失以及家庭清洗费用的增加会造成居民经济的进一步流失。

出于重要性考虑,本研究仅对雾霾造成的人体健康、投资融资情况和农作物经济损失做出阐述。

3. 构建模型

根据对政府和投融资群体之间的雾霾治理行为进行假设,笔者构建政府与投资群体的非对称博弈模型,见表 4–1。

政府与投资群体的非对称博弈 表 4–1

投融资群体	政府	
	实施积极激励 x	不实施积极激励($1-x$)
雾霾治理投融资 y	$a_0-a_1+a_3$,$b_0-b_1+b_2$	a_0-a_2,b_0
不进行雾霾治理投融资($1-y$)	a_0-a_1,b_0-b_1	a_0,b_0

表 4-1 中各字母的含义为：x 为政府对雾霾治理的投融资群体选择实施积极的激励政策的比例，$(1-x)$ 为政府对雾霾治理的投融资群体选择不实施积极激励政策的比例；y 为雾霾治理投融资群体选择进行雾霾投融资的比例，$(1-y)$ 为雾霾治理投融资群体选择不进行雾霾治理的投融资的比例。a_0 为政府对雾霾治理的投融资群体不实施积极或者拘于形式的激励政策时的收益；a_1 为政府不实施积极的激励政策或者采取的激励政策拘于形式而投融资群体对进行雾霾治理的投融资政府获得的额外收益，例如给企业的社会地位、名望以及取得环境效益等地长期收益；a_2 为政府实施积极的激励政策所需要的成本，如政策出台产生的成本以及因此政府多付出的补贴、税收优惠、贷款贴息等；a_3 为政府实施积极激励政策而得到投融资群体的积极响应时因此获得额外收益，例如政府公信力的提高，市民环境满意度增加，形象的树立以及长久的环境、社会效益等；b_0 为投融资群体选择对雾霾治理进行投融资获得的收益；b_1 为投融资群体选择对雾霾治理进行投融资比其他投融资项目所付的额外的成本；b_2 为投融资群体选择对雾霾治理进行投融资时获得政府积极的政策激励收益。

4. 选择评估方法

雾霾投资融资情况计算有恢复成本法、生产函数法、意愿调查法、人力资本法、医疗成本法等。主要影响评估方法的因素有：资金、时间、计算数据。而且，确定方法还会因项目的功能与属性的不同而不同。由于本研究主要涉及的是雾霾对人体健康和农作物产量经济损失的影响，所以我们会以此为基础选择相应方法。

我们研究雾霾投资融资情况大致分为如下环节：第一，确定投资融资情况项目，通过建立雾霾污染的剂量反映关系来达成。第二，明确雾霾覆盖面积、因子构成、和当今状况这些数据资料。第三，统计雾霾影响区内受到雾霾影响的各个对象，对他们的数量分类、合计。第四，通过第二步和第三部的对雾霾现象的处理结果估算雾霾造成的物理危害。最后将所有的损失项目转换为经济货币损失的形式表现出来。

4.4.3 进化博弈分析

1. 方法应用

根据构建政府与投资群体的非对称博弈模型，针对博弈模型中政府的角色，获得政府获得收益的概率分布。

在博弈过程中政府采取实施积极的激励政策所获得的期望收益：

$E_{11}=y(a_0-a_2+a_3)+(1-y)(a_0-a_2)$

政府不实施积极或者拘于形式的激励政策获得的期望收益：

$E_{12}=y(a_0+a_1)+a_0(1-y)$

政府在博弈过程中获得的平均收益：

$E_1=E_{11}x+E_{12}(1-x)$

博弈过程中政府方的复制动态方程：

$F(x)=\mathrm{d}x/\mathrm{d}t=x(E_{11}-E_1)=x(1-x)[y(a_3-a_1)-a_2]$

政府为雾霾治理的投融资实施积极的经济激励政策，必然会综合各方面因素、权衡各方利弊，并有信心管理各方面出现的状况，因此会使得 $a_3-a_1>a_2>0$。

令 $F(x)=0$，可得：

① $y^*=a_2/(a_3-a_1)$，表示为不论 x 取何值，始终 $F(x)=0$，意味着所有都为稳定状态；

② $x^*1=0$；

③ $x^*2=1$。

同样“进化稳定策略”不仅要满足 $F(x)=0$，还要满足 $F'(x)=0$，即：

$F'(x)=(1-2x)[y(a_3-a_1)-a_2]$

当 $y^*=a_2/(a_3-a_1)$ 时，无论 x 取何值，$F'(x)=0$。表明投融资群体选择对雾霾治理投融资的比例达到 $y^*=a_2/(a_3-a_1)$ 时，则政府积极的经济激励政策的实施达到稳定状态；

当 $y>y^*$ 时，$F'(0)>0$，$F'(1)>0$，$x^*1=0$ 是进化稳定策略，即雾霾治理投融资群体与政府实施积极经济激励政策形成良性的互动，达到帕累托最优状态；

当 $y<y^*$ 时，$F'(0)>0$，$F'(1)<0$，$x^*2=1$ 是进化稳定策略，即投融资群体不对雾霾治理项目进行投融资，政府不实施积极的经济激励政策。

2. 投融资群体期望收益

投融资群体对雾霾治理项目进行投融资的期望收益：

$E_{21}=x(b_0-b_1+b_2)+(1-x)(b_0-b_1)$

投融资群体不对雾霾治理项目进行投融资获得期望收益：

$E_{22}=xb_0+(1-x)b_0$

投融资群体在博弈过程中获得平均期望收益：

$E_2=E_{21}y+E_{22}(1-y)$

博弈过程中投融资群体的复制动态方程为：

$F(y)*dy/dt=y(E_{21}-E_2)=y(1-y)(xb_2-b_1)$

令 $F(y)=0$，可得：$y*1=0$，$y*2=1$，$x*=b_1/b_2$，$y*=a_2/(a_3-a_1)$。

政府实施积极的经济激励政策目标是使资金合理流入雾霾治理项目中从而获得各方面的收益，政策实施后进行雾霾治理项目的投融资相比其他相关的项目获得的净收益要多，所以推测获得 $b_2>b_1>0$。

当 $x*=b_1/b_2$ 时，无论 y 取何值 $F'(y)=0$。表明当政府选择实施积极的经济激励政策的比例达到 $x*=b_1/b_2$ 时，则投融资群体对雾霾治理项目进行投融资策略达到稳定状态。

当 $x>x*$ 时，$F'(0)>0$，$F'(1)<0$，$y*2=1$ 是进化稳定策略，即博弈中政府实施积极的经济激励政策时，政府得到期望的收益，投融资群体获得最大的经济效益，实现二者的共赢，达到帕累托最优状态；

当 $x<x*$ 时，$F'(0)<0$，$F'(1)>0$，$y*1=0$ 是进化稳定策略，即政府不实施积极经济激励政策，投融资群体选择对雾霾治理项目不进行投融资活动。

4.4.4 雾霾投融资模型分析建议

一是由于博弈模型初始状态细微的变化对博弈结果带来较大的影响，政府部门在制定雾霾治理投融资经济激励政策时，需要加工政策激励力度，使得 b_2 相对增加，从而使得 $x*$ 减小，阙值也会减小，Ⅰ区域面积相对减少，系统将会收敛于帕累托劣均衡的概率减小。具体可对进行雾霾治理投融资的全体，可实施税收上的优惠、直接货币补贴等政策。

二是从政府采取积极的经济措施入手，以提高政府的公信力为支点，提高居民对环境的满意度为基础，推进经济激励政策实施。政府在制定政策时，应有预见性和目标性，兼顾社会、资源、环境等需长期获得利益，进而使得 a_3 中获得的收益远大于 a_1 中获得的收益，使 $y*$ 相对减小，随之博弈系统中的阙值减小，Ⅳ区域面积相对Ⅰ区域面积增大，博弈系统能够获得帕累托最优均衡的可能性增大。

三是由于雾霾和居民的日常生活息息相关，政府需要出台经济政策的加强宣传，使环境保护观念深入人心，从而拓宽雾霾治理投融资的渠道，扩大已有雾霾投融资的金融市场，既充分享受激励政策带来的优惠 b_2，获得环境效益并兼顾社会效益，减少 b_1。

四是以现行的市场准则为基础，兼顾市场反馈情况及适时调整经济激励政策，合理控制资金的流入和流出，降低政策实施过程中产生的成本 a_2。

4.5 本章小结

雾霾治理是一项长期而又艰巨的计划，不仅关乎政府与国家的形象，更与群众的身体健康息息相关。在对环保 PPP 模式下雾霾治理分析条件下，提出雾霾治理对策和投融资建议，为雾霾治理的科学投融资提供理论指导，我们应该利用这些技术，设计出各种监测、预测、防御雾霾的信息系统。相信在不久的未来，这些系统中不完善的地方能得到不断优化与改善，真正做到科技推动生产力，科技造福民生。

5 辽宁省智慧城市建设融资问题研究

智慧城市概念于2009年在国际商业机器公司（International Business Machines Corporation，IBM）提出的“智慧地球”背景下应运而生，代表着新型城镇化发展的需要。通常，智慧城市被认为是信息化进程的高级应用阶段，是城市现代化发展到一定阶段的必然渠道和必然趋势，不仅支撑经济社会发展，也能提升城市竞争力。经济快速发展在推动城市扩张的同时也衍生出交通拥堵、环境污染等“城市病”，这就促使地方拓展城市发展的新思路和新模式，寻找人类智慧范围的“最佳状态”，而智慧城市的建设就成为城市化发展的新路径。

智慧城市由5个发展阶段组成，即基础建设阶段、智慧数据资源阶段、智慧管理系统阶段、智慧界面阶段、智慧城市阶段。当智能城市优化发展到智慧管理系统阶段时，便会形成智能控制网络、本地运营网络等；对智能城市进行整合使其进入智慧界面阶段，城市管理者可以实现智能控制、共同操作平台、整合网络服务等目标；再经过适当整合与系统联合后，最终可以实现智慧城市。随着智慧城市建设的推进，所面临的问题也开始凸显。其中，智慧城市建设过程中最重要的问题是融资。这也是智慧城市所面临的问题中最亟待解决的一点。

5.1 智慧城市建设中PPP模式引入环保产业的财政风险探究

目前，我国正处于经济发展的重要转型时期，环境和发展是我国现有发展阶段的重要主题，在过去的几十年的时间里，国家和社会都把注意力集中在了经济增长方面，而忽视了环境保护问题，环境污染问题不仅仅影响了人类的生存环境，也深深影响了经济发展的可持续性。

环境治理的问题已经时不我待，面对日益严峻的环境问题，近年来国家大力推行生态文明建设，作为国家重点发展的新兴战略产业，环保产业已经进入全面发展的新时期。十八届三中全会的召开对生态文明的建设又提出了新的要求，会上提倡用制度保护生态环境，建立系统、完整的生态文明制度体系，实现美丽中国。国家对节能环保、生态文明的重视程度上升到了与经济、政治、文化、社会并列“五位一体”的国家政策的新高度。环保产业以基础设施建设为主、资金需求量大，作为新兴战略产业对高新技术的依赖性强，未来产业若要取得长足发展必须要实现规模化、集约化、现代化，正是这些特点使其成为我国在新常态下的培育新经济增长点的必然选择。

PPP模式环保产业投资基金作为一种产融结合的新兴发展模式，真正满足了环保产业集约化、规模化、现代化的发展要求，同时也是集产、融、销一体化的环保产业发展平台，但如何进行有效管控，需要不断探索和总结。同时，在项目初期和运营过程中会产生各种各样的风险，只有处理好这些风险环保产业 PPP 项目才能更好地得到发展。目前辽宁省的环境污染问题日益严重，特别是雾霾以及污水问题尤为突出。就目前的形势来看，雾霾治理以及污水治理的投融资市场潜力巨大，由于政府对基础设施建设有资金需求，采用环保类 PPP 模式已经成为解决政府缺乏建设资金的一味良药。

环保项目多为规模宏大的资金和技术密集型公共事业性项目，项目周期长，组织实施复杂是其最主要特点。且 PPP 项目参与方众多：除了政府部门和负责交付运营的民营企业，还有原材料供应商，咨询公司，保险公司等多方参与。而 PPP 项目操作流程一般包括前期论证，方案设计，项目建设和运营，流程复杂，项目周期长都给项目增加了很大的风险。所以，环保类 PPP 项目的核心问题是如何处理好风险问题。辽宁省在开展环保类 PPP 项目建设时，也会产生各种各样的风险，加强对此类问题的研究，对我省在应对环保类基础设施建设产生的问题时，具有重大的实践意义。

5.1.1 环保产业的相关介绍

1. 环保产业的含义

有关环保产业的定义，世界上的各个国家有所不同。在国际上，环保产业分为狭义内涵和广义内涵两种理解方式，其中，在狭义内涵中环保产业被当作一种对终端的控制，主要是为一些环保方式例如在环境污染控制与减排、废物处理等方面提供产品和服务。广义的解释则是把环保产业理解为对产品从生产到耗尽这一全过程进行绿色呵护，主要包括在产品生产过程中的清洁、节能等技术，以及对产品进行回收、安全处置与再利用等。

我国的环保产业被定义为是指在国民经济结构中，它是一系列技术开发、产品生产等活动的总称，目的是为了防止环境受到污染，改善已遭破坏的生态环境和保护目前的生态资源，它涵盖的领域很广，主要包括相关环保机械设备的制造、自然的保护性开发与经营、环境工程的建设以及为环境保护提供服务等方面。

2. 环保产业的分类

环保产业的范畴十分广泛，按照不同的目的和要求，可以将其进行多种角度的分类。在我国，环保产业主要倾向于三个方面：一是环保设备（产品）生产与经营，主要指水污染治理设备、大气污染治理设备、固体废弃物处理处置设备、噪声控制设备、放射性与电磁波污染防护设备、环保监测分析仪器、环保药剂等的生产经营。二是资源综合利用，指利用废弃资源回收的各种产品，废渣综合利用，废液（水）综合利用，废气综合利用，废旧物资回收利用。三是环境服务，指为环境保护提供技术、管理与工程设计和施工等各种服务。

3. 环保产业的投融资结构

我国在有关环境保护资金的投入，主要集中在环境基础设施建设、区域污染防范与治理和环境保护机构能力建设等方面。所以，我们也可把环境保护资金投入叫作环境治理方面的资金投入。环境治理投资可以分为以下三个方面：有关新建、扩建以及改造已有项目的环保投资、有关城市环境的基础设施建设项目投资和有关治理工业污染项目的污染治理投资。其中，有关工业污染项目的污染治理投资是环境污染治理投资中占比较小的，其原因是环保投融资机制设置的不够合理，总是把治理重点放在末端，忽视对污染源头的控制，导致这一方面的治理效果不佳，效率低下，收入远远不及投入，并且大大落后于发达国家的平均水平。

5.1.2 环保产业 PPP 投融资模式

1. 环保产业 PPP 投融资模式的运作流程

环保产业 PPP 模式的运作流程与其他 PPP 模式的运作流程相似，总结来说一般可以分为准备阶段、招投标阶段、合同谈判及签订阶段、项目建设运营阶段以及项目移交阶段。具体运作流程见图 5-1。

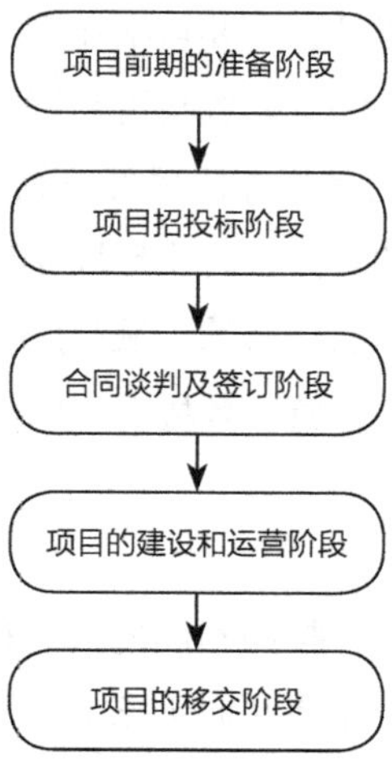

图 5-1 环保产业 PPP 项目运作流程

（1）前期准备阶段

环保产业公私合营（PPP）项目处于前期准备阶段时，主要有两方面工作要做：一方面是项目前期的可研工作；另一方面是项目的具体准备工作。对于项目的性质和盈利模式都有一定要求的 PPP 投融资模式，政府的有关部门首先需要对项目进行适用性分析，通过这一分析来确定该项目是否适合采用 PPP 投融资模式。在确定可以采用该模式后，政府有关部门就可以开始准备相关的环保产业 PPP 模式工作，完成项目的立项和招投标等有关工作。另外，政府有关部门也可把项目的前期准备阶段的有关工作交给专业且有经验的咨询公司来完成。

（2）招投标阶段

PPP 投融资环保项目在招投标阶段的工作与其他种类的 PPP 投融资项目相似，都是需要政府的有关部门去组织有关专家来根据项目投标企业的资质和技术水平对招投标方案进行评审，以此来确定具有中标资格的候选企业。

（3）合同谈判及签订阶段

由于环保产业投融资项目本身带有规模大和建设周期长等特点，所以作为一个新兴的投融资模式，环保产业 PPP 项目的盈利模式以及市场前景都具有很大的不确定性，而且未来项目的工作都是要按照合同要求进行的，所以项目的参与方都会经过十分漫长的项目谈判阶段，政府有关部门及其他参与方都需要对环保项目后期可能遇到的各种情况做好提前预测，项目如何投资，参与方的权责如何分配，合同的期限以及风险分担的方式等方面都需要参与方仔细研究。

（4）项目建设运营阶段

在环保项目的合同签订之后，由参与方专门成立的项目公司开始进行具体的项目融资安排，并且与有关单位签订项目相关协议后，进入项目的建设和运营阶段。由项目公司按照之前签订的协议进行环保项目的建设，政府有关部门负责进行工作监督，在项目建设完成后，由项目公司在合同特许期内进行运营，通过这种方式来获得一定的投资收入。

（5）项目移交阶段

环保项目的特许经营期结束以后，项目公司就必须把负责运营的项目转交给政府有关部门，同时为了确保被转交的项目在以后可以顺利运营，企业必须要把与项目相关的技术全部转让，转让完成后，政府部门可以把项目交给政府的相关机构管理，也可以交给私人企业继续进行运营活动。项目移交可以是无偿的也可以是有偿的，这主要取决于项目之前签订的协议。

2. 环保项目 PPP 投融资模式成功运行的关键因素分析

从 2002 年政府提出建立政府特许经营制度起，直到现在，已经初步形成了多元化的投资结构，PPP 项目投融资模式已经在我国被广泛运用，成为政府向公众提供公共产品的主要途径之一。企业私有资产进入一直以政府主导的环保产业，有利于缓解我国目前环保产业发展所遇到的困境，而且由于企业间竞争机制的存在，环保产业资金的利用效率得以提高。另一方面，由于 PPP 模式采用的是政府与企业间合作的方法，如何平衡以及处理好公私双方之间的利益关系是一个需要关注的重大问题。

分别从参与方各个角度来说，政府部门希望通过较低的服务价格来换取有高质量保证的服务，从而保证社会公众的利益。而从企业的角度出发，企业更希望从项目中获得收益，就是凭借政府的政策支持，降低项目的成本，提高服务的价格来确保从项目中获得稳定的收益和回报。虽然政府和企业都是项目的参与方，但是双方的出发点和追求的目标都完全不同。所以为了同时实现项目的经济效益和社会效益，满足参与方的需求，环保产业 PPP 项目需要建立科学的激励机制和政府监督机制来确保项目的顺利进行。

5.1.3 环保项目 PPP 投融资模式中的政府监管机制

PPP 投融资环保项目是众多 PPP 投融资公共项目的一种，具有较大的外部性，仅仅凭借市场手段很难实现项目的预期收益，这就需要政府的有关部门为了社会公众的利益，代表大众对项目进行监管，企业的行为会受到特许经营活动、项目收益激励措施以及法律法规的约束，这样就可以保证实现社会效益，具体来说可以从以下三个方面进行监管。

1. 环保项目 PPP 投融资模式的准入、退出监管

在环保项目中引入 PPP 投融资模式，开放准入机制，增加企业之间的竞争对于政府有关部门来说增加了可选择的对象，但是由于目前 PPP 投融资模式应用在环保领域的模式还处于探索阶段，并没有形成固定的模式，也没有具体规定明确承接 PPP 投融资模式环保项目企业的资质标准，所以政府在选择企业合作时，应该多去关注那些信誉较好并且具备成功经验的环保企业。同时随着 PPP 模式在环保产业中的广泛应用，政府有关部门应该随时总结项目成功以及失败的经验，由此制定出具体的选择合作企业的标准，以此来保证 PPP 模式可以在环保产业中得到更好的发展。

另外，政府的有关部门还应该企业特许经营期结束以后做好监管工作。一

般来说PPP项目的特许经营期长达10年，这一期间企业需要不断投入资金来保证环保项目的顺利进行，在企业退出项目将项目移交给政府时，一些是无偿移交给政府的，其余一些就需要政府购买或者给予企业一定的补贴，同时在移交时，政府要对企业进行检查评估，来确保项目的顺利移交。

2. 环保项目PPP投融资模式的服务价格监管

对企业服务价格的监管是政府在参与环保项目PPP投融资模式的中的主要工作之一，这项监管主要有两方面内容，一方面是对项目参与公司提供的产品或者服务进行监管，这一做法主要是防止项目公司凭借其垄断地位提高产品或者服务的价格，损害社会大众的利益；另一方面政府也要保证参与项目的公司可以从项目中获得合理的收益，企业参与项目的一个原因就是要获得利益，如果因为政府的价格监管使参与项目的企业不能在PPP项目中获利，很可能会严重打击环保企业参与到政府环保项目的积极性。政府在进行价格监管时要注意以下几个原则：

（1）注意平衡项目参与的多方主体之间的利益关系

价格管制的实质就是要注意平衡项目参与的多方主体之间的利益关系，主要是在进行价格管制过程中，平衡生产者、投资者等多个项目参与主体的利益关系。为了保证这种平衡，首先需要确保环保项目的可持续经营，由于价格管制的目的就在于促进PPP项目投融资模式在环保项目中可以顺利的被实施，采用PPP模式主要的目的就在于解决环保项目中的投融资困境，使环保产业得到长远发展。首先要做的就是保持环保项目的可持续发展；其次就是要确保企业能够从项目中获得合理的收益，项目所提供的产品或服务的价格应该可以满足参与项目的企业的日常收支并获得合理的收益，由此提高民间企业参与政府环保项目的积极性；最后还要保障社会大众的利益。政府的环保项目都具有公共利益，项目由政府主管时，社会公众的利益不难得到保证，但是随着项目的进一步发展，民间企业会承担起环保项目，这时政府有关部门不能直接干预项目所提供的产品和服务的定价，又不能使企业定价过高危害到大众的利益，因此需要政府有关部门进行价格管制。

（2）政府部门要制定合理的定价机制

政府在进行价格管制时最需要做的就是确定定价的方法，企业的可预期项目收益是由成本与利润组成的，但是没有一系列标准与程序来规范如何确定成本。因此需要政府有关部门来制定一系列符合环保产业项目的成本规则，以此来规范参与项目的企业的成本以及价格的构成，同时要建立高效可行的政府价格监管体系，以此来保证 PPP 模式在环保产业中顺利实施，让项目参与者和社会公众的利益都可以得以实现。

（3）完善信息披露制度，促进社会监督

完善信息披露制度，可以使社会公众更加了解环保项目的相关内容，一方面可以促进社会公众参与社会监督的积极性；另一方面也可以得到社会公众对于环保项目的有关建议和看法，最大程度上发挥社会监督的作用。另外，当前社会公众对于价格听证会存在着一定的认识误区，所以政府要改进、完善听证制度，促进社会公众参与的积极性。

3. 环保项目 PPP 投融资模式的服务质量监管

政府的有关机构应该对环保项目 PPP 模式中的企业投资者提供的项目产品或者服务进行质量监管，监管的目的在于保证企业按照已经签订的特许合同和行业标准来为社会公众提供符合要求的产品或者服务。

（1）政府应该要明确质量监管的依据

政府部门在进行质量监管时应该首先明确监管的原则、方法以及手段，参与项目的企业所提供的产品或服务在不符合质量要求时的违约责任以及项目终止时的接管办法，都属于政府部门进行质量监督的依据，应在政府与私人企业签订特许合同时确认。

（2）采取措施来提升行业服务标准

项目参与企业在参与一些垄断程度较高的环保项目时，政府有责任限制其特许经营的市场份额或者避免采用特许经营模式。通过建立行业服务标准，提升行业的整体服务水平，来促使企业努力提升自身的服务质量。

（3）加强质量检测

与一般的公共项目相比，环保产业项目所提供的产品或者服务往往不能使社会公众获得公共项目服务的质量的直观感受，环保项目的产品或者服务具有特殊性，污水净化、垃圾处理等项目的处理结果需要借助专业的设备进行检测，无法通过社会公众的直观感受来评判，因此需要政府部门加强质量检测，确保环保项目的投入使用真正实现保护环境的设立初衷。

5.1.4　环保公私合作 PPP 项目的风险分析

1. 存在的风险分析

（1）风险的阶段性

环保项目一般历经方案论证规划，决策，设计实施，运营维护四个阶段。

项目周期从10~30年不等，项目风险贯穿于整个周期。而在项目的不同阶段，风险的发生概率和影响程度都具表现出不同的特点。一般来说，在规划阶段风险的发生概率很高，到后面各个阶段发生概率逐渐减小，等到运营阶段，风险发生阶段概率很低且很稳定；风险影响程度在前两个阶段可控性强，到了施工阶段急剧下降，等到运营阶段变得很低且稳定。

（2）各方关注不同类型风险

环保PPP项目的参与方众多:除了政府部门，私营投资企业外，环卫机构，保险公司，金融机构，承建商，供应商等也都参与其中。由于大家在项目中担任的角色和职责有差异，所关注的项目风险也不同。政府和环卫机构最为关注的是项目的产品和服务质量，并且希望投入较少的财政资金；而私营企业需要关注项目各个阶段的风险，尤其关注项目是否盈利；金融机构在意能否收回放出去的贷款；承建商和供应商关注在收款节点能否获得款项。

（3）风险的复杂性

PPP项目在各个项目环节有不同的参与方，各参与方之前的合作关系极其复杂。另外，由于各地经济结构和发展水平不同，政府政策执行效率以及自然环境等因素都有可能在项目的各个阶段对项目产生影响。所以，环保PPP项目面临的风险非常复杂，在不同的区域，不同的项目中需要结合具体情况具体分析，风险识别是一个十分复杂的过程。

（4）风险的统一性

虽然环保PPP项目风险因素多而复杂，且衍生模式多样，如BOT模式、TOT模式等，由于PPP项目都是由政府部门和私营企业之间合作的公共项目，所以在项目操作上有很多共性。

2. 环保PPP项目风险主体分析

环保PPP项目的参与主体多，利益目标不同，风险偏好和承担风险能力有差异。如何合理有效地分配项目风险不仅是最大化项目收益的基础，也是项目多个参与主体能够有效协作的前提。所有的项目参与方必然都会在决定参与项目之前衡量预期收益和承担的风险。保证两者匹配是参与项目的前提，下面将对环保PPP项目各参与方的利益目标、风险分担偏好进行分析，这里主要选取了政府部门，私营企业和金融机构三个最主要的参与主体进行了分析：

（1）政府部门

政府部门作为环保PPP项目的发起人（包括当地政府，或是环卫机构等政府机构，以及国有投资公司等），会投入一部分财政收入或国家拨款；此外，会为参与项目的私营企业提供担保，并授予其特许经营权作为彼此合作的基础。政府在环保 PPP 项目中，放在第一位的当数项目的社会经济效应：环保项目能否为公众提供优质的产品和服务，提供就业机会，通过项目有效地引入社会资本以及先进的技术，有效地管理和专业化的人才，带动经济发展，以及减少不完备造成的损失。所以，政府部门对 PPP 的支持程度也依赖于项目所能创造的社会经济效益的预期。环境问题已经成为中国经济高速发展遗留下来的通病，环保产业的发展已经成为刻不容缓的大事。因此，政府也在逐步加大对环保 PPP 项目的支持力度,一方面通过政策手段给其创造良好的投融资环境；另一方面通过授予特许经营权，提供融资担保等方式为私营企业分摊部分项目风险。环保产业具有很强的公益性，决定了政府在环保 PPP 项目中必须深入其中，不能单纯依靠企业完成。相关政策方针的制定，法律法规的完善，各种污染排放标准以及超标相应的行政处罚手段，具体工作落实的工作指导方针都是政府的重要工作，除此之外，各种对环保 PPP 项目的补贴手段也是吸引民营资本的重要手段，如上网电价补贴及垃圾处理减免税等。

（2）私营投资企业

政府作为环保 PPP 项目的主导方一般会通过招投标的方式，选择具有竞争力的私营企业作为合作伙伴，与其签订合作协议。私营投资企业组建特许经营项目公司，参与项目前期的方案设计，负责项目的整个建设过程，以及后期的维护和运营。注入了大量资金的私营企业在整个项目过程中担当了最大的风险，也是项目收益的主要获得者，所以私营企业最关注的应该是项目收益和影响项目收益的风险因素。企业首先应该从内部降低风险因素，提高自身的技术和管理水平，培养优秀的专业人才。外部的系统风险是企业很难控制的，也是很难规避的，企业需要将其和预期收益进行权衡。高收益往往伴随着高风险。例如，经济不稳定的新兴发展中国家和经济体制成熟的发达国家相比，由于各种经济体制不完善，将会给投资者带来更高的风险；但同时，平均投资回报比例也更高，也就是期望收益会更高。总之，不同的风险因素决定了不同的风险等级，与相应的风险等级相匹配的预期收益才对投资的私营资本有吸引力。

（3）金融机构

环保 PPP 项目的项目周期长，投资巨大。除了政府的财政投入和私营企业的投资，项目的大部分资金来源于金融机构的借贷，往往能达到项目总投资金额的 70%。所以，金融机构是环保 PPP 项目的最主要的债权人。我国的金融机构分为三大类：第一类是中央银行；第二类是银行，包括各类政策性银行，商业银行和村镇银行；第三类是非银行金融机构。其中，第一类和第二类金融机构资金充足，是大型环保 PPP 项目进行融资的主要对象。

金融机构一方面关注参与项目的企业自身的债务偿还能力，另一方面关注项目的收益。金融机构在放贷之前都会对项目的各项风险因素进行考查，以确定相匹配的边际利率；同时金融机构放贷之前一般都会要求有足够的担保，以此来降低风险。

5.1.5 环保产业公私合作（PPP）城市垃圾处理应用

1. 城市垃圾治理分析

在城市化进程中出现了越来越多的社区，社区作为城市的基本组成单位，每天都产生大量的垃圾。生活垃圾由于成分复杂，分解困难，严重影响市容市貌，同时侵占土地，污染水流，严重影响市民的居住环境。垃圾处理问题迫在眉睫，但是由于管理方式落后、资金短缺等条件的限制，垃圾处理问题一直没有得到很好的解决。政府为社区垃圾处理担负着巨额的财政负担，但是民间却有相当多的闲置资金没有充分利用。

公私合作模式为社区垃圾处理资金的来源问题提供了新思路。公私合作模式（PPP）是公共政府部门通过与私人部门建立一种合作的关系来提供公共产品或服务的方式。建立 PPP 模式要求各参与方具有共同或者相一致的目标，以合同方式确定合作各方的权利和义务，共同享受收益，也共同承担责任和风险。

2. 城市垃圾投融资存在的风险分析

社区垃圾主要以生活垃圾为主，这些垃圾主要是运送到垃圾处理场进行处理，垃圾处理回收方式流程如图 5-2 所示。

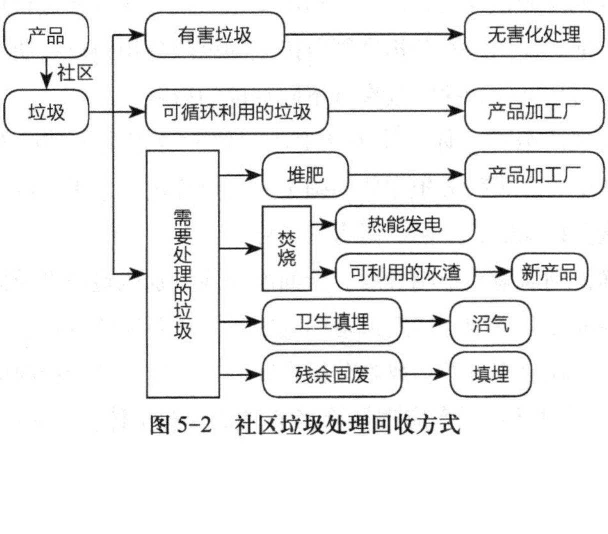

图 5-2 社区垃圾处理回收方式

将PPP模式应用于垃圾处理领域已有一定的理论依据和实践经验。PPP模式解决了垃圾处理政府资金不足的问题，同时充分调动了民间资金，使社会资源得到了很好的利用，但是以PPP模式处理社区垃圾也存在很多问题。

首先，PPP模式作为一种市场机制下的模式，需要以市场的竞争机制刺激其发展，但是我国作为社会主义国家，社会主义市场经济体制还不够完善。其次，我国在公共事业中应用PPP模式，虽然已经有许多成功的例子可循，但是PPP模式的实践依旧处于初级阶段，目前我国仍缺乏完善的政策以及相关的法律法规，这使政府和企业承受着巨大的风险。例如，目前一些以电能为主要产品的垃圾焚烧处理企业，由于垃圾处理收费低，企业成本过高，产品无法支付成本费等问题而面临即将倒闭的危险。再次，由于政府缺乏相关且必要的激励政策和优惠措施，使得许多垃圾处理厂并不能达到预期的设计处理量，社区不合作，企业的运营成本相对增加。最后，由于政府的宣传力度不足，很多实力雄厚的企业没有看到垃圾处理中潜在的巨大财富，导致社会可循环利用的资源无法得到最有效的利用。如何解决这些难题，有效避免PPP模式应用过程中的风险，是PPP项目成功的关键所在。一个高风险、高回报的项目，需要政府和企业正视其中存在的主要问题，分析风险的诱发因素，做到及早预防，保护政府、企业以及住户的利益。

3.城市垃圾处理PPP模式风险分担机制分析

PPP模式应用到社区垃圾处理项目中的风险分担机制是在社区垃圾处理实践的基础上，以各参与方的最大化满意度为前提目标。分析各环节的内在机制和联系，形成科学、规范的流程，通过相关的制度对流程进行约束和支持。风险分担机制主要包括以下四个方面的内容：

（1）选定风险分担准则。风险分担准则是项目各参与方进行风险分担的标准和依据。根据不同的风险分担准则所确定的风险分担协议有所不同，对项目各参与方的参与积极性和执行效率有不同程度的影响。

（2）确定风险分担主体。作为PPP项目风险分担主体的必然是其主要参与方的政府和企业。风险分担主体的确定不仅要确定谁来承担的问题，还要分析他们的风险分担偏好、意愿、能力和条件。

（3）准确识别风险和影响程度。全面准确地识别风险类型及影响程度是合理分担风险的前提和基础，确定风险问题中哪些风险应该分担。

（4）构建风险分担方案。风险分担方案需要确定具体分担时间及如何分担的问题，对不同的风险因素应选择恰当的风险分担主体。在PPP项目风险分担机制中，风险分担比例的确定是其项目特许经营合同的重要内容之一。

4. 城市垃圾治理投融资建议

PPP 模式处理社区垃圾成功的关键在于有效规避项目中的风险，这就需要 PPP 项目各合作方的共同努力。

（1）政府部门

完善相关法律法规，健全相关政策。针对垃圾处理服务业，国家颁布了一系列推进垃圾处理产业化、市场化的文件，各省市也出台了相应的文件，但没有形成完整的法律层次保障体系。从国家和地方政府治理环境问题的角度出发，垃圾处理拥有巨大的市场需求，但是由于 PPP 模式处理垃圾过程中的风险、投资期、收益等问题，相应的投融资、信贷和税收等方面的法律法规尚不健全，因此，建立健全相关的法律法规，保护相应企业的合法利益，才能保证并实现合作的长期进行。还要根据地方实际，要求和鼓励地方城市出台操作性强、符合地方实际特点的配套政策，为项目实施过程中的监督工作提供政策保障。

转变和提高政府职能。地方政府要转变思想，充分认识到 PPP 模式是推进社区垃圾处理服务的有效方式。此外，要推进政企关系科学化，制定切实可行的管理办法以促进 PPP 模式在社区垃圾处理服务中的健康运行。PPP 模式的运行需要建立多元化的运行环境，政府应该制定开放性的政策，改善投融资环境，拓宽融资渠道，鼓励和引导民营企业和外商资本进入垃圾处理服务的建设运营过程，以形成多元主体共同投资垃圾处理服务项目的新格局。

建立合理的收费价格制度。价格制度的建立应从补偿垃圾收集、运输和处理成本的角度出发，并具有合理的盈利核定。合理的收费价格是保障 PPP 模式处理社区垃圾服务项目长期良好运行的基础和关键。应使垃圾收费体制具有可操作性，现有的垃圾收费体制，缺乏制约性的收费制度。对垃圾处理费实际征收比例很低。结合当地实际，建立可操作性强的收费机制对垃圾处理收费制度的建设是极其重要的。

加强政府对项目的监管。在社区垃圾处理领域引入 PPP 模式后，政府应专心致力于从确定特许经营协议开始到项目终止转移整个过程的有效监管。设立相应的专业监管机构，制定综合监管体系，设计科学的指标，对社区垃圾处理的建设、运营、管理情况，以及价格和相应服务质量进行检查，以确保项目的规范运作。

加强宣传教育，改变宣传方式。垃圾来源于居民生活，社区居民既是垃圾的制造者，同时也是受害者。政府应通过加强宣传来改变居民垃圾混合投放的传统方式。由于传统的电视、广播、报刊、图片展等渠道的宣传力度有限，在“互联网 +”时代背景下，政府可以采取微信、互联网等新型的宣传方式对居民进行环保意识的教育，使其认识到垃圾分类处理、垃圾处理收费的必要性。在宣传中应该加强垃圾分类方法的教育，达到从源头上保护环境、节约资源的目标。

（2）私营企业

对于私营企业而言，主要需要规避的风险可以概括为政府信用风险、运营风险、不可抗力风险等几个方面。

中国 PPP 模式起步晚，相关法律法规尚不健全，带来了政策上的不确定性，这也是 PPP 模式应用于公共服务性项目建设存在的最大风险。要提高 PPP 模式在垃圾处理中的应用需要提升政府信用等级。

垃圾处理作为一项公共服务项目，存在低利润的特征，但是由于生活垃圾量比较大，运营的好坏直接决定利润的高低。利润与风险总是并存的。垃圾处理项目在运营过程中可能由于处理技术或处理能力不足、垃圾回收率低下等原因造成企业所运营的项目出现入不敷出的现象。不可抗力产生的风险应该由企业和政府双方共同承担。企业需要在项目投资运营之前做好风险的识别和风险的规避，尽可能减少风险带来的损失，或将损失降到最低。同时，要做好与政府之间的沟通，遇到问题时能及时处理。

（3）社会公众

虽然社会公众不承担垃圾处理项目的风险，但他们是垃圾处理 PPP 项目的重要参与方，垃圾处理的最终受益者同样也是社会公众，所以，应该从源头出发，提高居民的环保意识。首先，在处理社区垃圾的过程中应该根据垃圾的类型进行分类。在进行分类回收的过程中不仅需要政府相关政策的保障，还需要环保部门设立专业机构进行项目的推广。相关政策的保障和支持可以提高社区居民的环保意识，从而达到减量化、可再生化、可循环化的垃圾处理目标。垃圾分类不仅有效提高了垃圾处理的效率，还为可循环垃圾的处理提供有力的保障。其次，应该让居民了解垃圾处理服务收费的重要性和必要性，使其增强垃圾处理收费意识，形成环保理念。提高公众环保意识的宣传和教育，在社区垃圾处理中同样具有极其重要的意义。最后，居民应该减少过度包装产品的采购和选择。在政府做好推广简单包装、减少废弃物无功循环的前提下，社区居民应选择绿色、简易、实用包装的产品，降低一次性产品的使用率，从居民生活入手减少生活垃圾的产量，降低垃圾处理的社会成本。

5.1.6 环保产业 PPP 项目风险控制的对策建议

1. 应遵循的风险分担原则

为了实现更好的利益共享和风险共担，环保产业引入了 PPP 模式。但是由于 PPP 模式在我国环保产业中的应用时间并不是很长，没有多少可以借鉴的经验，所有为了确保 PPP 项目的顺利展开，项目负责人应给予风险管理工作高度重视，所有项目参与人员应遵循以下风险分担原则。

风险收益对等原则。所谓风险收益对等原则简单地讲就是谁受益谁承担，这里体现的就是对等的义务与风险权利。倘若风险收益要低于成本，那么无法实现风险的分散与转移，如果通过强制手段将风险强行分配给一方，由于 PPP 项目周期较长，长期的风险成本与收益不匹配的情况会导致项目的失败。参与各方承担风险并从中能得到好处，才能实现真正意义上的风险分担，项目才能持久。要达到风险收益对等也需要满足双方的风险信息对称，否则风险分担不能达到优化。

有效控制原则。有效控制原则是指应依据各参与方的控制风险的能力转移、分散风险。然而，在 PPP 或其他项目中，存在隐性风险的几率较大，在这种情况下，各参与方均无法实现风险的控制与分散，为了降低风险，应判断自留风险所耗费的成本，以及发生风险的概率，进而合理分担风险。

风险上限原则。风险上限原则很好地规避了由于私人部口缺乏风险的控制能力但又承担了其无法承担的风险后所造成的增加控制风险成本以及降低服务或设施效率等情况。项目参与方承担风险能力取决于其管理能力、项目运作技术能力以及财务状况等多个方面。

风险分担的动态原则。项目是动态发展的，在此期间，影响项目运作与发展的要素也会随之改变，在这种情况下，需专业人员重新对风险进行识别、划分、分配与评估，保证风险数据的可靠性与准确性。由于 PPP 项目的生命周期很长，若合同方与外部条件有所变化，那么风险的分担情况亦应随之改变，项目各利益方应共同分析与协商，争取制定出解决风险、控制成本的最佳策略。

直接损失承担原则，即发生风险后，受害方单方面承担风险与损失。这是一种效率驱动的机制，当人们的自身利益可能受到损害时，便会充分调动起防备、控制这类风险的内在动力和积极性，主动地采取对策去避免这种风险。这样可以提高风险管理的效率。

2. 建立有效的契约制度

从以往 PPP 项目的发展过程中遇到的问题来看，各参与方契约精神的缺乏以及契约制度的不完善是PPP项目发展的主要阻碍，同时也是影响社会资本积极参与的重要因素。通过完善有效的契约制度，能够增强政府的契约精神感以及责任感，并且同时可以在一定程度上约束双方，高效持续地完成项目任务。契约制度限制政府权力的使用，同时对出现政府换届以及重大政策调整的情况制度中应当有明确的规定。政府没有实现对项目的承诺，应该为此有明确的处罚。其次，在项目实行的过程中，政府应该及时对项目进行状况分析，实行有关内容公开制度，提高PPP项目的透明度，建立信息公开制度，加强公众对政府的监督，提高政府的办事效率。另外上级政府应当对下级政府进行定期管理，实行惩戒制度。政府有关部门违约，不仅仅是要对其有不同程度上的处罚，还应该记入政府考核之内。以此来保障契约风险的控制，确保契约制度的实施。

3. 制定相关的法律制度

由于PPP模式下政府与私人企业之间是合作关系，关系依靠合同的签订来确定，因此法律在此有着突出的地位。法律制度的规定是确保PPP项目中双方承担风险的程度大体一致以及保证项目的目标可以如期实现，避免更多因一方利益而导致项目终止的风险发生。目前针对这一方面我国法律还不是非常完善，应在各方面增加法律制度的保障。制定相关的法律制度主要要针对项目合同中的细节之处，有所规定。并且要对不同项目的实施有明确的法律制度规范，对其操作规则能够更进一步进行规定。PPP项目的模式下应当共同承担风险，互利共赢。制定相关的法律法规能够有效控制风险的产生。

4. 营造良好的政策环境

根据以往PPP项目以及国外PPP项目的发展来看，拥有一个良好的政策环境是风险得以控制的关键所在。国家应充分支持PPP项目的开展，并且制定相关的政策给予相对应的私人企业一定的优惠，这样在一定程度上能够聚集社会资金，为我国环保企业的发展提供资金保障。国家对这一类环保企业PPP项目的开展提供一定的技术支持和资金保障，中央政府、省政府以及各级政府的联合支持才是对环保企业PPP项目发展可持续的保证，也有助于风险的共同承担和控制。

5. 加快培养专业人才

重视PPP项目相关方面的人才培养，是我国继续使用PPP模式发展的根本之道。人才的教育，对于PPP项目的深入了解以及探究都是有必要的，也有助于对PPP项目风险预测和风险控制。努力培养专业人才和组织机构，加快建立环保企业PPP项目研究一体化的智能体系。可以鼓励一部分高校将环保企业 PPP 项目的研究列入教学研究的范围，也促进广大高校学生对其了解和学习，为环保企业 PPP 项目的跨越性发展提供坚实的保障。

6. 成立专门的项目管理机构

环保企业 PPP 项目的审批过程是比较复杂的，并且前期的准备过程时间长，运营的时间长，根据这些特点，成立专项的项目管理机构可以控制 PPP 项目在发展过程中的风险。例如，政府与私营企业的利益关系，以及推卸责任等问题，可以得到有效控制。结合我国的实际情况，可以由财政部建立专门的项目管理机构，负责对 PPP 项目的审批。这样可以节约时间，简化审批程序，降低审批成本，同时也降低了风险。

5.2 智慧城市建设中智慧交通银团贷款模式研究

银团贷款作为金融市场重要的融资方式具有信息共享、合作共赢及贷款期限长、筹资时间短、融资金额大、参与银行多等优势，主要针对大型企业（国企居多）或者国家重点扶持项目，适用于借款人有长期、大额资金的贷款需求及借款人经营能力、资金实力、技术实力为大多数银行所认可的情况。目前，银团贷款已经在我国大型国家重点项目融资中得到应用，主要以核电项目为主，但在智慧城市建设中还未得到应用。智慧城市是城市建设的新形态，是我国基础设施建设的一部分，根据建设资金贷款期限长、金额大的特点，银团贷款恰好能够满足智慧城市建设项目各种期限的本外币流动资金贷款、固定资产贷款、项目融资等授信业务需求。笔者结合沈阳市智慧交通项目的建设，提出银团贷款模式中贷款银行的选择、贷款协议的拟定及主要条款等建议，并考虑银团贷款在实施过程中的管理方式及风险控制。

5.2.1 沈阳市智慧交通现状

智慧城市建设将打破城市发展阻力作为起点与目标，以建造智能化的基础设施为切入点，统筹兼顾，逐一实施。其中，智慧交通是智慧城市的重要组成部分，并被认为是缓解城市交通拥堵，继而建设综合交通运输体系，落实交通运输基础设施智能化和推动交通运输业可持续发展的关键点。在建设智慧城市的大趋势下，智慧交通起着不容忽视的作用。

1. 智慧交通项目主要内容

2015 年，沈阳市市委、市政府以“惠民、兴业、善政”为目标，结合城市交通运输行业特点，并引入国内智慧交通建设专家组为沈阳市城市交通运输系统进行规划与设计，专家组通过编制《沈阳智慧交通运输系统建设方案》和系统管理城市交通运输平台为沈阳市进行整体部署，计划于2019年完成沈阳市智慧交通管理体系建设（表5-1）。

沈阳市智慧交通项目一览表　　表5-1

项目名称	项目目标	建设内容	牵头单位
智慧交通项目（2016—2019）	以建设“大交通”为目标，整合“乘车易”“沈阳易行”等现有系统数据资源，建设涵盖公路、铁路、地铁、民航、高速等全方位、高效率、多信息的综合交通指挥中心	出租车微信公众平台 “我的沈阳·乘车易”系统 “沈阳经济区·乘车易”系统	市建委
	整合全市公路、铁路、水路等交通运输信息和视频监控资源，实现交通运输运行监测调度及突发交通事件的统一指挥与处置	交通行业无线集群对讲系统	市建委
	建立公众出行服务系统平台，整合各类停车资源，推进智能停车场建设，为市民提供全方位信息服务，解决交通拥堵、停车难等问题	“行车易、停车易”智慧交通公众服务系统	市公安局
	建设和完善公交车WIFI、视频监控以及相关平台	公交WIFI系统	市交通局、大数据局

（1）建设出租车微信公众平台

出租车微信公众平台建设完成后，根据出租车公司管理者、司机及市民的反馈意见，优化微信公众平台以提供更优良的服务。出租车微信公众平台主要包含失物招领、位置查询、交通路况、从业人员考试信息、车辆买卖信息发布等几大板块。通过微信公众平台的信息发布，不仅帮助从业人员了解动态信息、方便办理相关业务、提高行业服务质量、促进行业发展，而且使市民出行更加便捷和舒适，真正达到“惠民、兴业、善政”的目的。

（2）建设“我的沈阳·乘车易”系统

“我的沈阳·乘车易”系统于2015年8月正式上线发布并试运营。该系统覆盖了全市95%的常规公交和全部地铁轻轨线路、长途客运站的客运班线以及铁路、航空、船舶方式出行的数据信息，可以查询交通出行的线路走向、换乘信息、参考运价、实时到站等内容，同时，该系统能够提供出行线路沿途的商场、宾馆、饭店、休闲娱乐场所等延伸服务信息。2016 年，沈阳市重点建设“我的沈阳·乘车易”系统平台，以智能手机为载体向市民提供公交、出租、客运、维修、驾培等交通出行综合服务信息。

（3）建设“沈阳经济区 · 乘车易”系统

目前，“沈阳经济区·乘车易”系统建设还在规划设计阶段，“沈阳经济区·乘车易”系统是沈阳经济区“智慧建设群”建设的基础，为确保“智慧建设群”建设能够高质量地完成，“沈阳经济区 · 乘车易”系统建设结合经济区现阶段存在的问题，积极推进城市智慧交通体系构建，为“智慧建设群”建设奠定基础。

（4）建设交通行业无线集群对讲系统

结合交通行业日常执法和应急指挥调度的实际需求，为交通管理部门制定集群对讲系统构建方案和管理准则，为各级交通行业管理部门及指挥调度中心配备无线集群对讲设备并投入使用，通过高效管理提高市民满意度，为城市智慧交通的建设奠定基础。

（5）建设“行车易、停车易”智慧交通公众服务系统

沈阳市智慧交通项目制定“行车易、停车易”智慧交通公众服务系统之前，经过充分的前期调研，结合沈阳地区智慧交通的总体设定，制定了《“行车易、停车易”智慧交通公众服务系统技术方案》，为建设一流的智慧交通服务系统奠定了基础。该方案包括两部分：静态交通综合管理系统和互联网公众交通服务系统。以集便民服务和公安打防管控为目的，主要突出信息查询、信息交互、交通诱导、行业管理、治安防控、业务办理等 6 大功能。“行车易、停车易”智慧交通系统包括打、防、管、控、服等多项职能，行车信息服务水平、停车服务管理水平和交通管理网上服务水平在行业处于领先地位。

（6）建设公交 WIFI 系统

通过选取沈阳市具有代表性路线的公交车辆作为试点，为该公交线路车辆安装无线 WIFI 设施，让乘客体验免费的无线上网服务，并收集试点公交线路乘客的反馈，根据反馈优化公交 WIFI 系统，使公交 WIFI 系统覆盖全市的公交车辆，完成公交 WIFI 系统的建设。

2. 智慧城市融资现状

（1）政府为资金主要源头

2015 年，我国有近 200 座城市加入智慧城市建设领域。“十三五”期间，

随着政策扶持力度的加大，这个数字将进一步增加。届时，智慧城市建设从经济基础较好、基础设施较为完善的沿海城市群开始，由东向西顺序推进，有望形成市场总规模两万亿人民币的产业链。从上游的机械制造业，中游的应用开发环节，到下游的 IT 产业运营，将会带动全行业蓬勃发展，不论是基础设备制造、能源开采这样的传统行业，还是物联网、云计算、传感器这样的高技术行业，无一不受到它的影响。由智慧城市带动的产业，一个明显的特点是其涉及面广、操作周期长、产业链条长，预计在“十三五”期间，政府每年将投资逾 3000 亿元人民币，以助力智慧城市建设。沈阳市智慧城市建设的投入资金主要依靠沈阳市政府财政支出。政府目前在其中发挥着最重要的主导性作用。但政府财政收入需要用于方方面面的开支，相较于智慧城市建设动辄数以亿计的融资需求，任何地方政府的财政预算支出都会倍感乏力。

（2）国有资本投资为主

相比于西方发达国家，中国仍然处于经济高速增长期，社会资本投资获利的机会还是相对比较多的。而政府和社会资本合作（Public-Private Partnership，PPP）一般是社会公共项目，难以提供太高的投资回报，自然对社会资本的吸引力不强。需承担一定社会责任的国有企业，从本质上来说，则跟 PPP 项目的社会公共属性更为匹配。而且，我国的民营企业总体上仍然不够发达。在一些行业和专业领域，缺乏实力雄厚、经验丰富的龙头型民企，而一些央企、地方国企则在这些领域占有优势。

从 2015 年的数据统计（图 5-3）中，可以看出在所有资产投资中，有近 30% 的固定资产投资由国有企业承担，其余的 70% 由内资经济单位及港澳台商、外商投资共同承担。而固定资产投资中的信息产业投资，国有企业所占比重超过 58%。

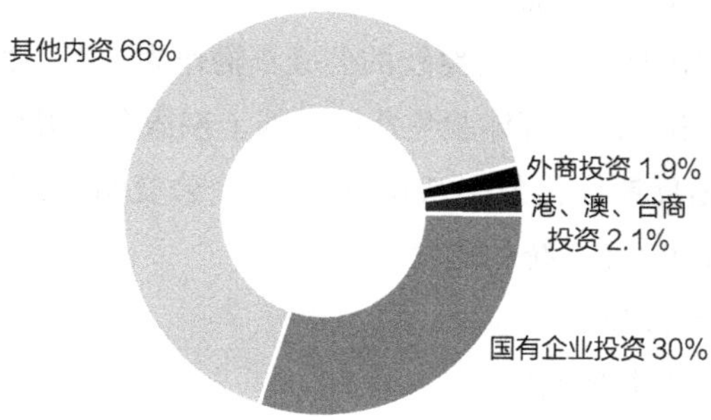

图 5-3　2015 年固定资产投资资金来源比重

5.2.2 银团贷款的组建

1. 银团贷款的筹组

目前，国内已经有 5 个全国性银团贷款信息发布与交易平台，分别是中国外汇交易中心暨全国银行间同业拆借中心交易系统（贷款转让平台）、中国银行业协会的银团贷款交易平台、北京金融资产交易所信贷资产交易中心、天津金融资产交易所和深圳市金融市场交易服务平台。另外，还有区域银团贷款信息统计和转让信息平台，例如上海银团贷款统计与发布系统。除了通过上述银团融资平台贷款外，还可以选择贷款人发送邀请函邀请金融机构参与贷款，金融机构自由选择参加与否的模式。结合沈阳市智慧交通项目的实际情况，选择邀请潜在有参与意向的银行组建银团。

国家开发银行是国务院批准的政策性金融机构，其主要任务有：运用开发性金融的建设市场方法建立长期稳定的资金来源；筹集和引导社会资金重点支持基础设施、基础产业和支柱产业大中型基本建设、技术改造项目及其配套工程（“两基一支”）建设和高新技术产业及其配套工程建设，以及政府急需发展的其他领域。

邀请国家开发银行作为银团的牵头行，是因为沈阳市智慧交通项目属于基础设施建设，是国家开发银行重点支持的对象，并且国家开发银行作为国际一流市场业绩的开发性金融机构，有助于沈阳市智慧交通项目的顺利完成。除国家开发银行外，根据沈阳市智慧交通项目的自身情况和其他银行放贷政策，该项目还应邀请中国银行股份有限公司、中国工商银行股份有限公司、中国建设银行股份有限公司、交通银行股份有限公司，由这 5 家金融机构共同组成沈阳市智慧交通项目贷款银团。

2. 银团贷款筹组流程

根据银团贷款筹组流程（图 5-4）并结合选择的 5 家金融机构的特点，完成沈阳市智慧交通项目银团贷款的筹组。筹组前，项目负责人先与上述 5 家银行达成组建银团贷款的初步协议。

第一步：委托

借款人为沈阳市智慧交通项目负责人，借款人先确定银团贷款的牵头行——国家开发银行。借款人根据项目特点与国家开发银行进行银团贷款相关问题的沟通，并向国家开发银行发出《银团贷款授权委托书》作为正式邀请，全权委托国家开发银行作为银团贷款的牵头行并组建银团完成该项目的长期融资业务。

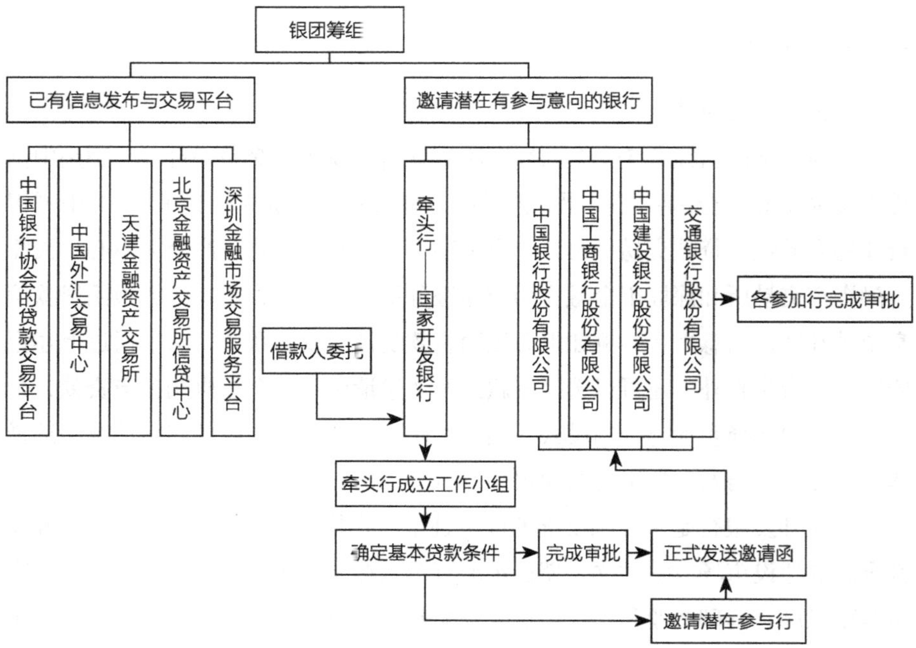

图 5-4　银团筹组流程图

第二步：牵头行成立工作小组

国家开发银行收到该项目借款人《银团贷款授权委托书》后，开始组建工作小组为该项目评审和组建银团提供意见。工作小组不仅包括国家开发银行在沈阳市分行的市场与投资处、评审处、法律事务办公室、客户处等有关人员，还包括国内智慧交通建设专家、保险评估专家、证券投资专家等人员，为项目进行评审并提出意见，为银团筹组做准备。

第三步：统一银团贷款条件

借款人向牵头行工作小组提供借款人信息和贷款项目有关资料，牵头行工作小组对上交信息和资料进行核实及风险评估，审核通过后，工作小组根据评估结果和沈阳市基础建设贷款环境，与借款人共同协商该项目的贷款条件，完成《贷款条件清单》的制定。

第四步：邀请其他参加行

国家开发银行作为牵头行，其工作小组根据《贷款条件清单》条款，制定《银团贷款意向邀请函》，并向选定的其余 4 家银行发送该邀请函。在收到 4 家银行意向回函后，牵头行工作小组以基本贷款条件和意向回函为依据，制定贷款评审报告，并完成国家开发银行内部审批。

第五步：完成银团贷款的组建

国家开发银行作为牵头行完成审批后，工作小组向其余4家银行发送正式《银团贷款邀请函》《贷款条件清单》《保密承诺函》等相关文件。4家参加银行凭《银团贷款邀请函》《贷款条件清单》《保密承诺函》等文件资料，完成银行内部的审批流程。各银行审批通过后，正式成为该项目的银团贷款行，由国家开发银行为牵头行，沈阳市智慧交通项目贷款银团正式成立。

3. 贷款协议的拟定

智慧交通采取的是政府运营为主、市场化为辅类项目的建设运营模式。基于沈阳市智慧交通建设项目和以国家开发银行作为牵头行的银团特点，项目借款人与银团签订3大主要协议，协议包括共同条款协议、人民币长期贷款合同、人民币循环授信合同。

其中，共同条款协议和人民币长期贷款合同为基础合同，人民币循环授信合同是为借款人降低贷款成本的协议，借款人与银团根据沈阳市智慧交通建设项目特点签订一定金额的人民币循环授信合同，该循环贷款额度与人民币长期贷款配合使用，在人民币总承贷额限度内，借款人可在该额度内循环使用短期借款，有权调整长短贷比例，在保证项目整体资金安全的前提下可以降低借款人资金成本。

4. 银团贷款协议主要条款

（1）总承诺额度

由国家权威机构批准，沈阳市智慧交通建设项目借款人与5家银行组成的银团协商决定，银团提供该项目总承贷额的70%的资金，并保证如果该项目其他融资渠道的额度超支，在项目借款人追加30%超支资金的情况下，银团将追加70%的超支资金额度。

（2）贷款期限

根据沈阳市智慧交通项目建设周期长、资金回笼慢等特点，借款人与银团协商贷款期限为首次提款日起，至全部清偿之日止，贷款期限10年，其中还款期8年，宽限期2年。

（3）贷款利率

根据沈阳市智慧交通建设项目特点和国家对基础设施建设的扶持政策，借款人与银团协商在人民币贷款执行期内，以人民银行公布的基准利率为准下浮10%。由于贷款金额大、周期长，利率可按季度浮动并实行利率补偿机制。在贷款执行期内，可以协商按照最大利率下浮幅度进行调整。

（4）贷款担保

沈阳市智慧交通建设项目的贷款担保需要借款人向担保代理行提供《项目完工支持函》《项目资本金到位承诺函》《项目超支资金支持承诺函》等有关文件，担保代理行审核后，与借款人签订《工程建设协议权益转让合同》及《保险权益转让合同》。除此之外，在沈阳市智慧交通项目建设完成后，该项目运营期间在代理行开立项目收入账户。

（5）利息支付

在沈阳市智慧交通项目建设期，借款人可以每半年支付一次利息，利息需要提前打入银团贷款代理行账户；在智慧交通项目进入运营期，借款人每季度支付一次利息，同样，利息要提前转入银团贷款代理行账户。

（6）还款安排

为保证沈阳市智慧交通项目作为市政基础设施建设项目的顺利进行，借款人与银团协商可达成以下协议：在智慧交通项目进入商业运营期后，建设期人民币循环授信额度项下的贷款余额应转换为人民币长期贷款；当智慧交通项目进行到还款期或宽限期，可分别调整一次还款计划；银团允许借款人提前偿还部分或全部贷款，并且不受提前还款的因素影响，进而向银团承担赔偿义务。借款人若不能按期偿还贷款，可以在贷款到期前向银团申请展期，贷款展期不可附加任何条件。

5.2.3 银团管理及风险控制

1. 银团代理行职责

为了维护银团参与各方的利益，必须根据银团协议中的要求，明确贷款代理行、结算代理行及担保代理行职责。

（1）贷款代理行职责

第一，针对借款人的还款信息沟通与协调；第二，负责债务融资项下本息回收、分配；第三，根据融资文件的规定接受借款人的相关文件及通知；第四，遵循我国以及地方的法律法规，并根据银行的程序为借款人开立与之所对应的银行账户，需要提供借款人在银行开具的相应账户信息；第五，需要对借款人支付情况进行不定期的监督、管理；第六，各融资方明确银行间签订的协议中约定的其他职责。

（2）结算代理行职责

第一，主要是针对借款人的款项归集、发放等往来业务的信息交流以及协调；第二，在债务融资条件下对于放款项的归集以及发放；第三，根据融资文件接受相关借款人所提交的相关经济往来的文件和通知；第四，以法律和规章制度为基础，遵循银行开户程序为借款人开立银行账户，按月为借款人提供其相关账户信息;第五，根据相关的章程，提供项目必要的现场结算业务等服务;第六，针对借款人在其所建项目中的有关资金的支出、使用情况进行管理和监督；第七，各融资方明确银行间签订的协议中约定的其他职责。

（3）担保代理行职责

第一，主要是针对与借款人所发生的担保事项的信息交流与协调；第二，根据担保文件，担保代理人受借款人的委托所享有的相关的权益；第三，以借款人的委托为依据，代理人执行和强制执行相关的担保文件；第四，根据担保的文件积极承担所需要担保的登记事项，并尽可能采取有利于实现担保文件下的各种借款人的权利的措施；第五，各融资方明确银行间签订的协议中约定的其他职责。

2. 银团风险规避

在融资执行阶段，项目风险的承担者为银团成员，各成员通过管理和控制所建项目贷款资金投入和现金流量，从而加强银团各成员对所建设项目风险的控制和管理，实现利益最大化，实现风险分担，降低项目风险，实现各方利益共享。

（1）设立单独账户专用于贷款结算。为减少贷款资金在项目建设过程中挪用、滥用现象的发生，在结算代理行所在银行按照相关章程设立结算专用账户，实现结算代理行对资金进行集中管理的目标。

（2）按照银监会相关的受托支付规定，贷款资金发放需直接支付至符合合同约定用途的借款人交易对手，以达到降低贷款资金被挪用的风险。

（3）根据“三重一大”管理办法的规定并结合项目负责单位的实际情况，以总贷款的 10% 为底线，当银团外单笔贷款额超过总贷款额底线时，要通过项目负责单位总经理办公会批准。此举有助于银团外融资风险的降低，从而可使项目整体融资风险降低，实现效益的最大化。

（4）实现对项目负责单位情况进行透明化监督和管理。银团成员行通过审阅项目负责单位财务报表和经项目负责单位批准后的预算报告及决算报告，从而起到监管贷款资金的作用。

5.2.4 小结

当前，金融市场关联度日益紧密，银行间合作深度不断加强，国内银团贷款发展的外部环境也逐渐改善，这些都为国内银团贷款市场的发展带来了新一轮机遇。

将银团贷款模式运用到城市智慧交通项目建设中，可以保证巨额资金的有效来源并且有助于智慧交通项目顺利完成。对沈阳市智慧交通项目银团贷款模式的应用研究，有助于银团贷款模式在智慧交通项目中的合理运用，可以推广到其他智慧城市建设项目中，从而推动我国智慧城市建设的发展。

然而，在沈阳市智慧交通银团融资模式的应用研究中，由于该项目处于建设周期，所以对于项目负责单位与银团的合作模式还只能借鉴其他项目合作模式，对于项目负责单位与银团合作的博弈性尚不了解，需要继续跟踪沈阳市智慧交通项目的建设并进行深入研究，全面了解项目负责单位与银团的合作过程，加以总结并提出建议，为我国智慧城市建设快速发展和银团贷款多元化作出贡献。

5.3 智慧城市建设融资存在的问题——以沈阳市为例

沈阳市浑南区在2013年提出了打造智慧城市这一概念，不仅支撑了经济社会的发展，也提升了城市竞争力。

5.3.1 沈阳市浑南区建设发展概述

1. 沈阳市浑南区概况

沈阳市浑南区汇聚了高新技术产业和创新资源，创新成果和创新要素辐射带动了周边地区的发展。浑南区正在竭力打造科技创新中心和高新技术产业基地。截至目前，在浑南区有34家世界500强企业投资建设新项目，通过法定程序注册的企业有1万余家，其中，规模以上工业企业有500余家，通过外商投资而创立的企业有800余家，由此构建了以电子信息、新能源等为导向的产业结构体系。2015年沈阳市浑南区各项产值如图5-5所示。

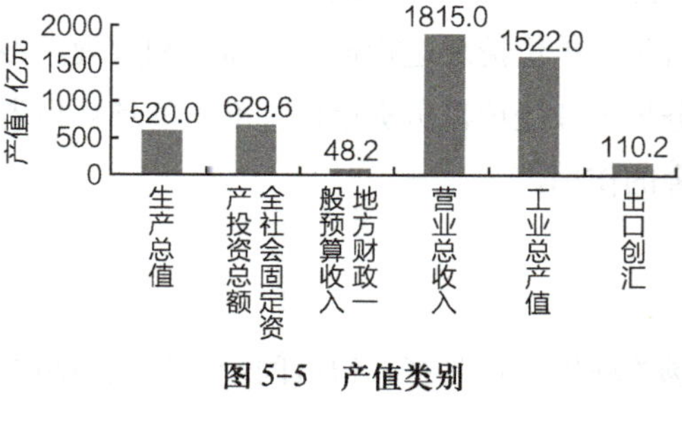

图5-5 产值类别

三区（沈阳市东陵区、浑南区、航高基地）合署办公后的“大浑南”，首先要对主体功能区进行合理规划，使其在后续发展中实现协调互动，进而突破技术研发和园区建设两大关口，最终建成特色科技产业区、大学科技城、高新技术产业区。

2. 沈阳市浑南区智慧城市建设概况

2015年，沈阳市浑南区重点启动了一些惠民建设项目（图5-6），让百姓生活更加高效和便利。各类政务信息资源得到有效整合和开发利用，优化治理方式，由电子政务向智慧政务升级。以大数据、网络经济为基础，使得新兴产业得到进一步发展，形成良好的智慧浑南建设框架和推进机制，并相继启动智慧浑南其他领域工程的前期工作。

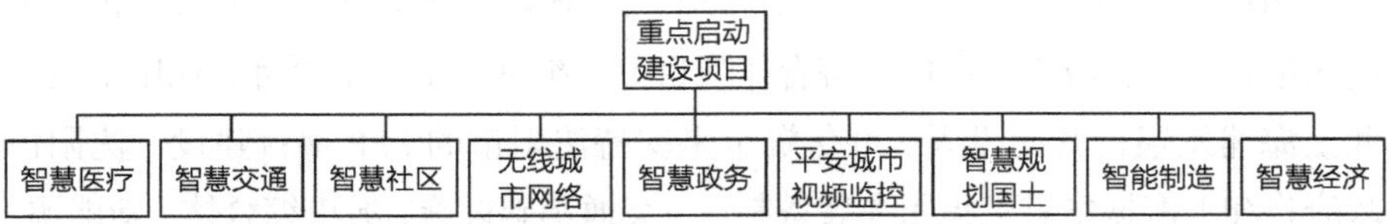

图5-6　2015年沈阳市浑南区重点启动建设项目

2016~2017年，继续建设和完善试点工程，同时，重点开展智慧教育、智慧人社、智慧旅游、智慧农业、智慧环保、智慧市场监管、智能安全生产、信息安全防护、城市级数据处理中心等领域智慧化应用建设，使教育、社保、安全生产等民生和管理领域智慧化应用水平得以提高，促进智慧经济产业发展，形成以应用推动产业、以产业带动应用的良性互动。总体上，浑南区智慧城市建设是以电子政务为政府信息化起点，以数字城市管理为城市信息化开端。

5.3.2　沈阳市浑南区智慧城市建设融资存在的主要问题

1. 融资主体方面

（1）政府为资金主要源头

在当前阶段，浑南区智慧城市建设已呈现全方位、多行业的趋势，单纯依赖政府投入资金支持并不现实。沈阳在建设智慧城市的过程中，起主导作用的融资主体是政府类投资，以浑南地区为例，政府的投融资仍占据主体地位。基础设施的市场化和资本化依然比较薄弱。

（2）企业融资以国有资本投资为主

国企充当投资主体会使其处于一种被动的局面，达不到政府推广PPP（Public-Private Partnership，政府和社会资本合作）模式的目的。智慧城市项目建设中，政府投入仍然占据主导地位，简单地将项目建设成功等同于完成目标使得后续会出现很多问题，商业模式不成熟使维护运营难以进行。

（3）非公经济融资比重及结构不完善

目前沈阳市浑南区的智慧城市建设，主要还是由政府和国有企业进行运营和维护，民间投资对于大型的智慧城市建设相关项目仍然持谨慎态度，投资周期短、额度小、分散。诸多外资公司虽然十分看好智慧城市的有关建设，但他们主要还是倾向于提供技术支持，并从中获利，相比之下，对于项目本身显得并不热衷。因此，到目前为止还没有有影响力的案例出现。

2. 融资渠道问题

（1）融资机构较为单一

2015 年 3 月，沈阳市共签约 17 个项目，签约额达到 786 亿元人民币。浑南区也在辽宁省政府开展的经济合作项目上一举拿下了 5 个项目。沈阳市政府和上海浦发银行共同投入 300 亿资金来支持沈阳市的 PPP 项目建设；沈阳市政府将和上海振华重工集团在装备制造、交通基础设施、城市综合体、新能源、金融服务及其他投资领域形成战略合作伙伴关系；沈阳市建委将按照基金运作基本规则，与上海城建集团对接金融机构和社会资本，投资服务区域基础设施建设；对于浑南区智慧城市和大数据中心的建设，上海仪电集团、上海斐讯数据通信技术公司也将参与其中。

除上述企业的资金外，其他用于投入智慧城市建设的科目主要出现在政府性基金预算支出中。地方税是浑南区政府收入的主要来源，相关数据显示，沈阳市税收收入占公共预算收入的 61.29%，非税收入占 38.71%；营业税、增值税、企业所得税占比重较大，三者约占沈阳市市级地方财政收入的 53.16%。现阶段智慧城市建设融资中，仍存在依赖政府投入的现象。

（2）融资行业分布不均

从 2016 年沈阳市各行业的全社会固定资产投资数据来看，智慧城市建设融资在各个产业间存在着失衡现象，总体呈现出固定资产投资流向和聚集于预期收益更高、产生收益更快的新兴产业的趋势。一是从三大产业本身来看，固定资产投资倾向于第三产业；二是从三大产业内部来看，第二产业中，这部分固定资产投资主要集中于第二产业中的制造业，主要用来实现工业园区的信息化管理、生产设备信息化操作和厂房的建筑智能化改造等。据此可以推断，智慧城市建设融资存在各行业分布不均的现象，对未来拓展智慧新城区效果并不明显。

3. 融资回报方面

融资回报周期是指项目投入使用后，回收期初总投资所花费的时间。由于智慧城市建设消耗资金巨大，其属性又介于公共和非公共产品之间，使用者无须投入过高的成本就可以使用，所以根据一般预期，投入资金后获取融资回报的时间跨度大、周期长。因此，民间资本会将资金转向一些能够在短期内获得收益的项目。

5.3.3 国内外智慧城市建设融资经验

1. 国外类似融资项目的经验借鉴

作为智慧城市建设的先发者，发达国家的智慧城市建设水平普遍较高，这其中有着科技优势和人力资源素质优势，也有其成熟的市场经济体制机制优势以及在此基础上构建的智慧城市建设融资体制。而且发达国家的智慧城市建设并没有与一般意义上的城市建设区别单列出来，因此，考察其城市建设融资对于了解其智慧城市建设融资的基本经验同样适用。发达国家城市建设融资的主要方式有政府财政投资、银行信贷、发行债券、股票市场募资、国有企业经营权出让、利用私营部门资金、利用国际金融组织或政府贷款、利用国外私人直接投资等。

（1）美国智慧城市建设融资经验

美国在智慧城市建设方面处于世界先进水平。为建设完善成熟的公共基础系统，联邦政府与州政府通过财政拨款支持公共基础建设投资，同时综合利用多种金融工具作为融资方式。美国智慧城市的融资方式集政府投资、营运收入、市政债券、项目融资于一体。

美国智慧城市建设的资金来源 60% 是政府补贴，35% 是票价收入，其余则通过营业税、消费税或发行债券补齐。在美国智慧城市建设之初，联邦政府就开始采用发行债券的方式为智慧城市建设进行融资，通常以特许经营权和经营管理权来吸引社会资本，主要采用 BOT（Build-Operate-Transfer，建设 - 运营 - 移交）模式、PPP 模式。

美国作为智慧城市建设的发起者和先行者，早在 2009 年 9 月，爱荷华州的迪比克市就和 IBM 共同宣布建设美国第一个智慧城市。该项目由 IBM 总体实施，迪比克市政府配合，通过数字化和使用传感器、软件、互联网，将该市所有的水、电、油、气、交通等公共服务连接起来，监测、分析和整合各种数据，并智能化地作出响应，服务于该市六万市民的需求，及时调整他们使用公共资源的方式。这不仅是美国乃至于世界上第一个具备雏型的智慧城市，是典型的促进民生型智慧城市，而且是典型的美国智慧城市建设融资模式的智慧城市——政府与民间资本进行战略合作，由企业提供建设资金并具体组织建设、运营，并从建设和后期运营中获取持续而稳定的收益收回投资，政府从自身社会管理和公共服务的职能出发，全力配合企业的建设和运营活动，最终，政府通过智慧城市建设改善和发展了地方经济社会，企业通过智慧城市建设获得了持续的收益。

（2）日本智慧城市建设融资经验

日本的城市建设融资主要通过政府税收、市政债券、政府和银行的低息贷款、税收优惠政策等渠道实现，对于无法产生经营性经济效益的纯粹公益性基础公共设施，通过政府无偿拨款的方式融资。一是财政列支，由于相当部分城市基础公共设施是公共产品和准公共产品，且建设投资资金需求巨大、回收期长，是民间资本不愿进入的投资领域。因此，日本的中央政府和地方政府及各级地方自治组织是城市建设融资活动的主体，将城市建设的融资计划列入国家和地方政府及各级地方自治组织的财政预算，以税收为重要的资金来源。二是市政债券，由于城市建设对资金的巨大需求，特别是建筑地方道路、地区开发、义务教育设施、公营住宅及向私有土地所有者购置公共用地及其他公共事业设施，依靠税收远远不能满足需要，因此日本政府也通过发行地方市政债券融资。三是政府和银行低息贷款，日本政府强化政府对经济的宏观管控，成立开发性银行，向国内的城市基础设施建设项目提供长期的低息贷款。这一举措不仅促进了基础设施部门的高速增长，而且政府带头向这些投资周期长、资金需求量大且风险不确定的行业和领域集中投入，产生了极佳的示范效应，对民间资本产生了诱导作用，使大量民间资本积极向政策性银行提供更多贷款资金，有效保障了大规模基础设施建设所需的资金供给。四是税收优惠政策，日本政府实行“租税特别措施”，降低基础设施部门的纳税负担，增加基础设施部门自身的资本积累，从而促进了基础设施部门的内部融资能力。

2009 年 7 月，日本政府 IT 战略本部出台了到 2009~2015 年的中长期信息技术发展战略“i-Japan 战略 2015”。日本智慧城市建设的重要特点与一般意义上的城市建设类似，政府在其中发挥重要作用——首先由中央政府提出具体详细的国家信息化战略，并从国家财政预算中拨付专款用于建设国家层面的智慧平台；各都县道府及其下的市町村等自治体分别制定细化实施方案，并在本级财政预算中提取专款，发行低息债权，推进政务电子化、智慧化，并引导民间企业以自有资金和发行企业专项债权融资投入，重点推动医疗、养老、保健、教育和交通的智慧化，由此实现以人为本的“安心且充满活力的数字化社会”，使数字信息技术变成生产、生活的要素，改变经济社会，激活产业和地域的活性并培育新产业。

（3）欧洲各国智慧城市建设融资经验

欧盟支持跨领域 PPP 投资，欧洲投资银行在欧盟的支持下成立了“欧洲 PPP 专业技术中心（EPEC）”。在资金方面，EPEC 准备了欧盟预算资金和私人投资为智慧城市建设提供支持，使融资模式更具灵活性。

以英国、德国和法国为代表的西欧城市建设具有两个重要特征。其一是法制化，即将城市基础设施的规划设计、项目筹资、建设及运营、使用维护都纳入法制框架，并将其中政府、企业、市民的权利和义务以法律条文的形式确定并固化下来，明确了责任；其二是科学化，即高度重视建设项目前期的规划和审批，通过多年的长期规划和非常严格的预算，确定项目的最终建设方案和融资规模。政府在其中也扮演了主导作用，通过财政列支、银行贷款、发行地方债、授权特许经营、项目融资等融资。一是财政列支。对于影响国计民生的重大公共建设项目，主要由中央政府投资；对于城市道路、地铁等非经营性项目，由城市地方政府财政预算投资；对于供水、供电、污水处理等经营性和准经营性项目，政府允许企业进入，并从财政支出中拨款为企业提供一定比例的运营补贴。二是银行贷款。在财政资金无法满足城市建设项目投资需求的时候，由政府以政府信用和未来税收为担保向银行贷款，该贷款额度以一定期限的财政预算收入可以偿还的额度为限。三是发行地方债。西欧是市场经济高度成熟的发达地区，以德国和法国为代表的西欧地方债券市场也相当成熟，通过发行地方债券，构建了一条稳定、持续和高效的融资渠道。四是授权特许经营。对于自然垄断行业，政府决定开展某项城市建设后，通过该行业若干企业间的公平竞争，最终由政府选择一家最具优势的企业，授予该企业特许经营权，由该企业单独进行该项目的开发和建设并获得经营收益。五是项目融资。通过 BOT、BOOT、PPP 等方式进行项目融资。

英国以“公司之家”来实现“智慧的商业咨询”，是建设智慧城市授权特许经营这一模式的典型范式。政府掌握有海量的数据资源，而这些大数据是建设智慧城市不可或缺的资料。运营好这些大数据资源，既保证其公益性和安全性，又兼顾效益、实现可持续发展是智慧城市建设的重要内容。英国中央政府的商业创新与技术部在其下成立了一个名为“公司之家”的营运性质的公司，既隶属于政府职能部门，需要完成政府设立的绩效目标，又在此之外拥有较大的自主权，它不是靠政府的财政预算拨款维持运营，而是政府特许授权其向公众提供无偿和有偿的信息查询服务，然后通过查询、咨询和调查研究向客户收取费用。目前，该公司已经与欧盟合作开发了涵盖欧盟27个国家的企业注册系统，实现了更大范围内的大数据应用。

2. 国内类似融资项目的经验借鉴

（1）深圳市智慧城市建设融资经验

深圳所采取的模式是以市场为主导。这不仅能够更为广泛地融集资金，还可以通过打破地域、行业和资金性质等界限，着眼于广大的社会资本，进一步拓宽垄断性基础设施领域。深圳模式在应用当中，建立起商业性银行信贷、股市融资、政策性银行打包贷款、特许经营、项目融资、非上市股权招募融资、信托融资等多种渠道，这使投入资金更加合理化、多元化，外部资金和自有资金相结合，在资金链的供应上形成良性循环。

（2）湖南省智慧城市建设融资经验

湖南省推出的融资模式以“民营资本主导”为核心。在该模式中，民营企业和地方政府职责明确，其中一方负责带资建设，另一方负责土地的出让。大汉集团提出了县域城镇开发的“百城战略”，并运用于周边城镇的建设，这种战略因此被加注了另外一个标签，即“大汉模式”，也得到了中央党校的高度认可。在这种“民营资本主导’的模式下，政府建设智慧城市的融资渠道就由原有的出让土地的方式，转为出让土地升值预期的模式。民营企业通过将智慧城市基础设施预期收益转化为未来实际收益的方式盈利，而在此过程中需要民营资本垫资进行智慧城市建设，将部分智慧城市建设市场化，供给方式发生了质的改变，由过去的公益型开发向经营型生产平稳过渡，从而真正达到建设项目商品化的目的。

（3）浙江省智慧城市建设融资经验

浙江省政府与国家工信部、国家标准化委员会签订战略合作框架协议，形成“3+X”智慧城市建设模式。一是省、部、委共建、多主体参与指导与服务，最大程度地吸引智慧城市建设力量。多样化的建设主体，为智慧城市的建设聚集了更加多样化的资源和技术，也拓宽了智慧城市建设的融资渠道。二是结合区域发展特色，以地方政府为责任单位，通过在重点领域推进智慧城市示范试点项目的方式，逐步推进浙江省智慧城市建设。试点项目的内容覆盖了居民生活、卫生健康、城市管理、安全监管、交通物流、能源供给、水资源利用、环境保护、旅游服务、电子政务、民生服务等人民群众最为关切的领域。这种基于不同地区经济特色与产业布局逐步推进的形式，不仅是“智慧浙江”的显著特色,也进一步调动了各级政府参与智慧城市建设的积极性。三是“智慧浙江”并不以政府主导智慧城市建设，而是通过联合性社团组织“浙江省智慧城市促进会”和标准化技术组织“浙江省智慧城市标准化技术委员会”牵引推动，使智慧城市建设摆脱了完全计划性质的建设模式，带动了一大批企事业单位、高校等建设主体参与，群策群力，大幅度提高了智慧城市建设的效率和效果。四是通过产业联盟的组织形式吸引中小企业参与，通过加快共享共建步伐，在政府的引导与投入、大企业的积极参与下，中小企业也增强了投身智慧城市建设的动力，推进了智慧城市的建设进程。

“智慧浙江”的模式,不仅仅是建设一个智慧城市,而是建设一批智慧城市，是省级行政区域推进智慧城市建设的模式。这种模式基于浙江省的经济发展基础与特色，注重顶层设计，结合各区域特色，以地方政府为责任单位、智慧项目为依托、社会各界广泛参与的方式推进智慧城市建设。

（4）北京市智慧城市建设融资经验

北京市以信息化推动智慧城市发展，充分利用新一代信息技术，提升智慧城市服务功能和优化城市发展内涵，以信息化全面推动智慧城市建设。一是北京智慧城市建设的点多面广，在北京市政府的强力推动和大力投入下，信息化的应用涵盖了生产生活的各个领域，对城市智能运行、市民数字生活、企业网络运营、政府整合服务、信息设施提升、智慧平台建设、应用对接产业等都列出行动计划，可以有效优化城市服务功能，提升城市竞争力。二是不断完善信息化基础设施，提升城市发展的信息化水平。通过通信运营商、房地产开发商等市场主体的大力投入，不仅使互联网家庭入户带宽、企业入户贷款达到新高度，同时在移动互联网基础上建立了完善的物联网应用平台，并相继建成物联网应用资源共享服务平台、物联网信息交换平台、传感信息网络平台、超级计算中心等共性基础支撑平台。三是通过政府主导，内资和外资统筹建设云计算平台，提升城市信息的互联互通能力。通过共同云服务平台，进行全方位、虚拟化、高性能的计算，提供 SaaS、IaaS、PaaS 等多种服务，不断扩大云计算的运用范畴。

“智慧北京”围绕“人文北京、科技北京、绿色北京”战略任务和建设中国特色世界城市的目标，全力建设人人享有信息化成果的智慧城市，以普及城市运行、市民生活、企业运营和政府服务等领域的智慧应用为突破点，通过政府主导、多方参与的方式，全面提升经济社会信息化应用水平，推动北京加快迈向信息社会。北京模式的突出特点是首都政府发挥政治高地的作用，通过逐项落实顶层设计，全面推进整个城市各个领域的智慧城市建设。

（5）无锡市智慧城市建设融资经验

无锡智慧城市建设最为突出的特征是兼具技术研发导向和产业导向，通过物联网相关技术的研发优势，保持无锡智慧城市建设的引领者角色，并通过产业应用，不断拓展智慧城市产业的培育和发展。一是利用先发优势积极争取国家中央政府的支持。2009 年，时任国务院总理温家宝视察无锡提出建立中国的传感信息中心或称“感知中国”中心后，国家发改委、工信部、财政部、住建部等部委纷纷出台相关政策，并拨出发展专项资金和建立研发专项基金，鼓励和支持无锡智慧城市建设的探索和发展，与此同时，大批国字号科研院校也通过出资出力在无锡建立科研机构等方式直接或简介参与无锡智慧城市建设。二是不断完善智慧城市支撑技术研发的平台和机构，让自身成为中国智慧城市支撑技术研发的重镇，在物联网技术等新一代信息通信技术研发方面领先于国内其他城市，依靠科技优势不断集聚相关产业，形成了规模。三是不断探索和拓展智慧城市支撑技术应用的空间和领域。在利用技术和产业优势开展智慧城市建设的过程中，又反向积极利用建设智慧城市的契机，进一步发展规模庞大的物联网等相关信息产业基地，在智慧交通、智慧水利、智慧环保、智慧城管、智慧国土、智慧旅游、公众应用等领域开展示范应用，催生出庞大的信息产业集群。

以信息通信领域技术研发和智慧城市相关产业发展推动智慧城市建设的无锡，依靠物联网技术研发应用方面的先发优势，抢先进入全国乃至世界“感知城市”发展的第一方阵，这一经验对于具有一定产业基础并着力进一步改善和优化产业布局和增长方式的大型、特大型城市，尤其具有参考借鉴价值。

5.3.4 沈阳市浑南区智慧城市建设融资优化建议

1. 树立政府在智慧城市建设中的战略引导地位

作为社会管理者，政府应通过改善融资环境，最大程度地吸引社会资本进行投资，使社会投资处于持续上升状态，因此，政府应该明确自身的五大职能：一是制定产业政策和中长期发展规划，引导社会资金投向政府鼓励发展与重点发展的产业和行业；二是把智慧城市建设融资纳入法制化轨道，针对智慧城市建设融资过程中存在的问题，及时对融资法规中存在的空白进行补充和完善；三是制定推进建设融资的优势政策，适时颁布相关政策与法律法规，通过税收、土地使用费方式加以调节；四是在对项目融资进行调控的同时，对融资总量和结构变化趋势进行预测，将信息及时对外公布，对融资过程中存在的极端状况发出预警，并提出应对措施；五是对融资环境的优化，进而激发投资者的投资兴趣。

智慧城市建设的目的在于降低运营和维护的费用，因此，需要引进民营资本和专业机构，摸索市场化的运营模式，这样的方式才是符合智慧城市建设发展思路的。同时，要摆脱粗放的发展模式，大力发展 PPP 模式，提高投资效益。

2. 发挥民间资本的作用，坚持融资多元化

在运营方面应发挥民间资本的作用。浑南区智慧城市建设融资应鼓励民间资本进入城市市政、公共交通、城市园林绿化甚至公共保障性住房等建设和运营领域，建设目标的实现要经历一定的发展过程（图 5-7），更要借助招商引资。因此，要对招商引资政策进行调整，使得民间资本认为目标项目有利可赚。原则上，除涉及国家机密的核心领域及重大项目之外，对其他项目而言，外资企业拥有平等参与融资的机会，而且通过以建设项目换特许运营、建设融资换建设项目等方式，能促进外资企业投资参与智慧城市相关领域的建设和巨额资金的筹集。

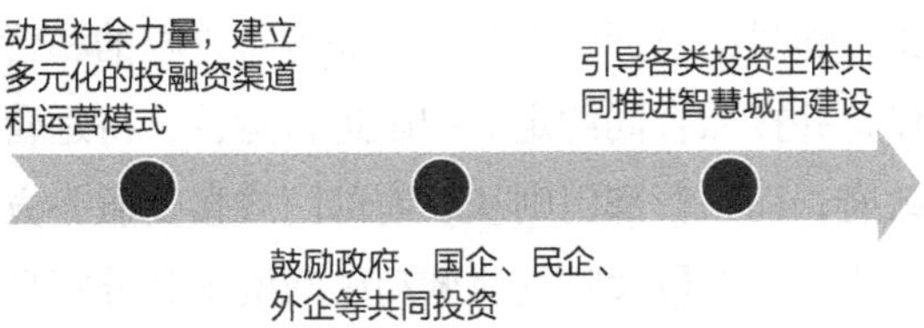

图 5-7　智慧城市建设发展轨道图

坚持融资多元化。为应对融资过程中的一些不确定因素，就需要在融资平台、主体、渠道和产品方面构建多元化的格局。政府在智慧城市建设与运营方面只需要发挥鼓励和引导作用即可，民间资本才是主体，他们将以独立出资、参股、控股等方式对目标项目进行投资。

3. 适宜的融资模式与智慧城市建设无缝接合

融资途径主要包括银行贷款、债权、众筹、公私合营、政府投资等，根据智慧城市建设模式与不同项目的具体情况的差异，选取适宜的项目融资模式是融资成功的关键。建设智慧城市是系统工程，必须对智慧城市建设的具体应用

领域的具体项目进行具体分析和项目包装，这是融资成功的先决条件。例如：关系到国家安全层面的一些项目，可由政府财政保障采取“精准投资”的策略，将财政资金用在核心领域上；对于市场调控容易失灵、民间资本不愿意进行投资，或者能够促进国有资产保值增值的领域，适合由国有资本进行投资；对于适宜民间资本投资的领域，尽量交由民间资本进行投资。

活用各种融资模式。PPP 项目在一些大型项目的融资中应用最为广泛，但是，对于这一融资模式的应用，需要视项目的具体情况和特征而定。要综合考虑各方因素，选择最适宜的融资模式。在实际建设项目当中，除 PPP 模式外，还包括其他融资模式，如图 5-8 所示。

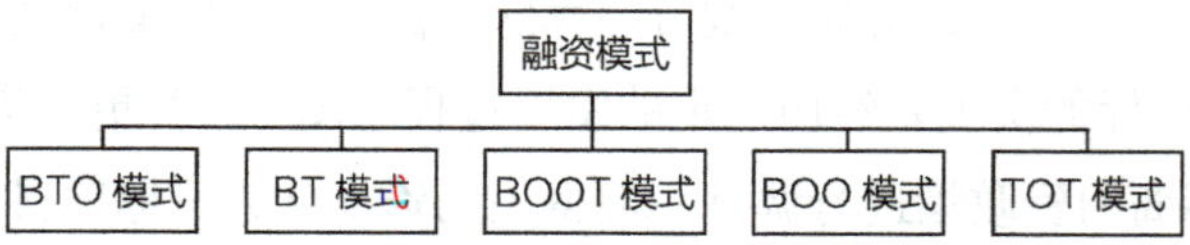

图 5-8　各种融资模式

积极引入 PFI 模式。PFI（Private Finance Initiative）即民间资本主动融资模式，具体是指政府相关部门通过实地走访、发放问卷的方式获取信息，明确社会公众对于基础设施的需求，政府从资金、技术等方面进行综合考虑之后确定需要建设的对象，通过招投标的方式，由获得特许权的私营部门进行公共基础设施项目的建设，并按照合同约定的期限进行运营，待运营期满后，将所经营的项目移交给政府，而私营部门则从政府部门或接受服务方收取费用以回收成本。通过 PFI 模式，可以最大限度地调动民间资本和外资自主参与智慧城市建设融资的积极性。

5.4　本章小结

在智慧城市的建设过程中，政府更多发挥的是指引的作用，而留出更多的空间让市场和企业发挥作用，从事智慧产业的企业应该是建设融资主体。从智慧城市的融资模式看，发展的趋势是政府正在逐渐淡出，相反，企业则在积极地参与。

与此同时，随着知识经济的发展，越来越多的智慧城市核心技术常常掌握在专业的智慧城市解决方案提供商和运营商手中。当然，政府要发挥在智慧城市建设中顶层设计和监管方面的作用，打破信息孤岛，真正使资源得以高效利用。针对沈阳市浑南区智慧城市的建设，PPP 模式被看好的原因在于政府与社会主体“利益共享、风险共担、全程合作”，既可以减轻政府财政负担，也会使社会主体投资风险降低，这是一种使各参与方“双赢”或“多赢”的现代融资模式。因此，也对参与智慧城市建设的企业资质提出了很高的要求。

总而言之，地方政府在选择建设智慧城市的合作伙伴时，应该注意高金融与高技术的准入门槛，系统地推进智慧城市发展进程。

6 辽宁省新型城镇化建设投融资模式研究

6.1 研究的思路与过程

6.1.1 研究思路

在前几章城镇建设不同方面投融资方式和经验的基础上，本章将对辽宁省城镇建设的投融资模式进行全面深入考察，根据调查结果总结我省在城镇建设投融资方面的现状，搜集在投融资过程中普遍存在的问题，查找影响因素，并在此基础上提出对策建议，形成适合辽宁省的城镇建设投融资的模式，整体思路如图 6-1 所示。

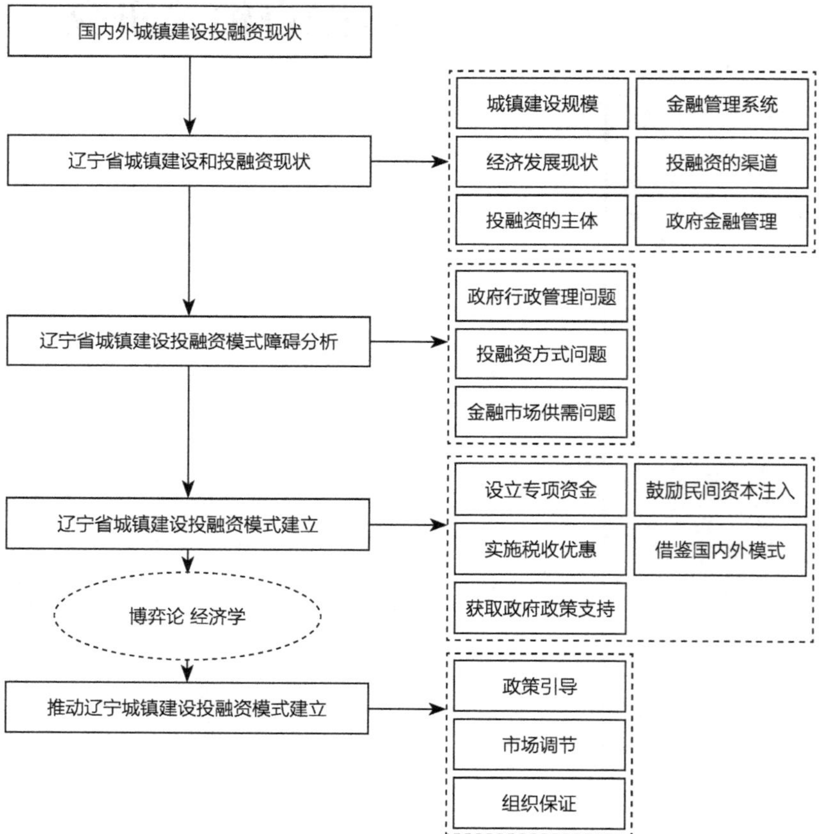

图 6-1 课题研究基本思路

通过文献以及调研结果摸清国内外在投融资方面的经验，特别是在城镇乃至农村方面建设项目的经验和教训，然后以城镇为研究单位，以本溪市东营坊乡为实践的样本，对城镇的规模、金融管理系统、经济发展状况、投融资的渠道以及主体和政府金融管理进行调研和分析，根据分析从政府行政管理、投融资方式、金融市场供需求方面入手，初步对城镇建设投融资模式建立提出相关建议和意见，例如设立专项资金、鼓励民间资本注入、实施税收方面优惠、借鉴国内外经验、获取政府的支持，依据经济学和博弈论相关成熟的模型和理念，从政府、市场和组织方面来推动辽宁省的城镇建设。

6.1.2 研究的过程

本课题的研究内容共分为五个部分，如图 6-2 所示，第一部分及第二部分在前文已经有详细介绍，本章将对后面几部分做深入探究。

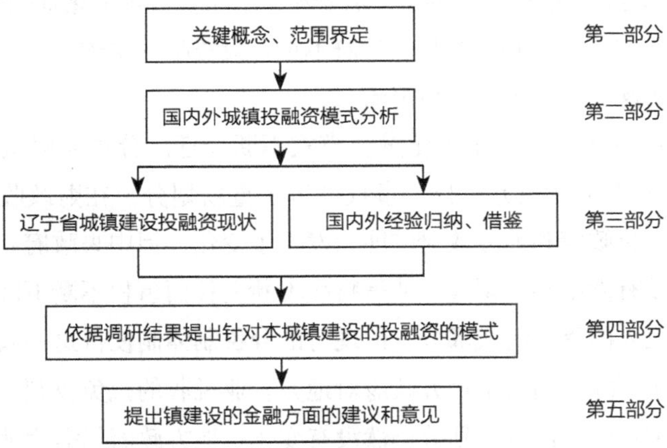

图 6-2 研究结构图建立

6.2 辽宁省新型城镇化建设投融资现状

6.2.1 辽宁新型城镇化建设资金来源

1. 政府财政收入

政府政策收入包括中央和地方预算内资金，如铁路、电力、邮电和民航等国家有关部委负责建设的基础设施项目；中央对国家级历史文化名城的专项财政拨款；城市维护建设费；公用事业附加费；中央和地方财政临时性或一次性补助、特殊政策增加的收入；其他收入，如自来水增容费、水资源费等。在这些资金来源渠道中，除财政临时性的补助和收入外，资金来源都是固定性的，具有较好的稳定性。

2. 借款

用于辽宁省新型城镇化建设的借款来源包括国内金融机构贷款、国外金融机构贷款以及利用外资等。

3. 其他经营性收费

辽宁省城镇化建设的经营性收费包括环境卫生收费、公园门票收费、房租收费和其他经营性收费等。

6.2.2 辽宁省城镇化建设政府融资模式现状

随着市场经济的发展和辽宁省新型城镇化建设的推进，辽宁省政府摆脱了单纯由政府计划控制、过度依赖财政预算的融资模式，并逐渐形成了由财政资金来引导、市场资金积极参与的多元融资模式，在新型城镇化基础设施建设中，实现了社会各方资金的共同参与，政府不再是投资唯一主体。

1. 分税制改革对地方融资的影响

现行的财税体制迫使城镇化融资模式不断变迁。分税制财政体制改革对1994年之前的中央和地方财权、事权进行了重新划分，在财政收入方面，这一改革使得中央政府和地方政府的能力发生了变化。但中央政府和地方政府的支出责任却没有做出相应调整，使得财权不断上移而事权不断下降。税收收入是地方财政收入的重要组成部分，但现行的分税制体制使得这一收入在总财政收入中的份额下降。削弱了地方政府对地方企业税收的减免权利。另外，中央政府和地方政府的支出责任划分仍然没有变化，地方政府仍需为地方基本公共品的提供和基础设施的建设承担责任，并未随税收体制改革而发生变化。这种财权与事权的不均衡决定了地方政府在城市基础设施领域存在巨大资金缺口。

2. 土地财政的弊端

随着分税制改革、取消农业税和试点房产税等一系列税制改革的推进，城镇化融资不断受到挑战。为突破城镇化融资困难的瓶颈，土地财政在一定程度上缓解了城镇化融资的困境，并一度成为主要的融资模式。这一现象是从20世纪90年代末土地有偿使用制度的实施开始的。辽宁省各地逐步兴起了土地财政城镇化发展模式。也就是通过城镇化建设和地产开发来抬高土地价格，再把土地的变现资金投资于城镇化建设。土地出让金带来了丰厚的财政收入，这就诱发了地方政府过度透支土地出让的“地根”现象。在城镇化进程中，土地财政发挥了积极的作用。然而，土地财政也引发一些亟须解决的难题：①拆迁和征地激化了种种矛盾，甚至引发冲突。②土地财政模式不可持续。土地资源是有限的，单纯的土地交易不可持续，不利于经济的长远发展。土地财政使得政府融资低效率运行，所以政府要想提高效率必须创新融资模式。

3. 地方融资平台风险重重

虽然地方融资平台在一定程度上能解决城镇化融资难题。但地方融资平台也存在着一些弊端：一是较高的负债率和短缺的资本金使得地方融资平台承担较高的风险。二是地方融资平台没有明确的责任主体，而且其对外界较少披露融资情况。三是参与方单独决策影响项目的经济效益。地方融资平台形式比较单一，其债务融资多集中于银行贷款，并且这种膨胀使得融资风险不断加大。要想避免或降低这些风险，辽宁省政府必须创新融资模式。

6.2.3 辽宁省城市化建设投融资中存在的主要问题

1. 融资主体与渠道单一，融资结构失衡

随着振兴东北老工业基地政策的实施，辽宁省加强了城市基础建设投资力度，拓宽了市场资金投资渠道，除财政融资外，银行融资、商业融资、证券融资、国际融资等多元化融资体现在城市基建中。虽然财政融资占比稳中有降，见表 6-1。但是财政资金仍发挥着杠杆作用和宏观调控的功能。20 世纪 90 年代，以政府投资为主的大型基础设施建设极大地促进了辽宁省的固定资本形成，是全省经济持续增长的重要动力，加大财政支出和固定资产投资也成为辽宁省度过 2008 年国际金融危机的有效手段。2002 年以来，辽宁省固定资产投资比重持续上升，以投资驱动为主的经济增长方式在经济总量迅速扩大的同时，也出现了投资规模过大现象。2012 年，辽宁省固定投资占 GDP 比重的 87.9%，由于固定投资增幅过快、效率下降，以至于出现产能严重过剩、负债过重的状况。

辽宁省财政预算内投资与全社会固定资产投资比重　　表 6-1

	2002 年	2003 年	2004 年	2005 年	2006 年	2007 年	2008 年	2009 年	2010 年	2011 年	2012 年
财政投资占固定投资（%）	6.74	4.29	3.80	4.10	4.55	4.88	4.47	4.22	2.95	5.24	4.12
固定资产占 GDP（%）	29.42	34.70	44.97	52.62	61.15	66.60	73.30	80.81	86.92	79.75	87.89

资料来源：《2003—2013 辽宁统计年鉴》

从融资结构看，辽宁主要采取“土地财政 + 政府融资平台负债”的融资模式，银行信贷为主的间接融资比重上升过快，其他类型金融市场的直接融资比重较低。例如，截至 2014 年 6 月末，国家开发银行辽宁省分行城镇化贷款余额达 1747.3 亿元，占同期人民币贷款余额的 77.7%。辽宁省各市城建投资公司的平均负债率均在70%以上。申贷项目营利性差，违背银行融资的安全性原则，对于合作项目的存在风险通常是政府一方被迫买单。由于辽宁省商业融资透明度模糊，以市政建设为主的证券融资比重较低，导致融资结构单一，政府负债过大。

2. 融资平台风险大，金融供需矛盾突出

21世纪开始，土地有偿使用制度在辽宁全省推广，以土地开发和市政建设带动土地升值，再以土地转让或拍卖获得城建资金的“土地财政”经济形式成为地方政府融资平台。由于这种融资平台过分依赖银行信贷和土地出让收入，潜藏着巨额的债务风险。一方面，企业与地方政府关系密切，其直接债务担保的运作存在不规范现象；另一方面，如果融资平台运营失败，土地财政所有债务将转变为政府直接债务，从而导致大规模的金融风险与财政风险。

从金融供给方面看，辽宁绝大多数金融机构和金融业务都集中在沈阳、大连以及各地市的中心城区，众多的中小城镇和农村地区处于金融服务体系的末端，金融工具的创新与应用很难在这些区域实施。由于金融资源集中在大型金融机构，中小型金融机构的职能难以发挥作用，加之金融服务体系与城镇化基础设施、公共产品、公共服务等服务项目不匹配，金融政策落实不均衡，导致大量民间资金缺少合理的投资渠道，而城镇化发展建设又急需大量资金，融资系统对接的困难造成金融供需矛盾严重，使辽宁省的资源配置效率低下。

3. 金融生态环境不佳，融资约束效率低

当前，由于辽宁省的财政体系、公共服务体系和地方政府财政预算没有做到完全公开，公共服务的定价机制不能定期公布，预算外资金与城镇化融资的对接程度较低，致使大量预算外收入使用效率低下，城镇化融资缺乏有效监管而步履维艰。虽然金融机构与辽宁各级政府的合作项目较多，但是对其真实的经营情况很难了解或及时追踪。现存的城镇化基础设施合作项目也潜藏着信贷风险和资金缺口，政府性债务风险较大。

6.2.4 辽宁省传统融资模式

1. 财政资金类投融资模式

财政资金类投融资模式从我国改革开放以来，就一直扮演着重要角色。在我国城镇化初期阶段，基本上都是以财政资金为主导来支持城镇化发展。在初期阶段，大量的基础设施、公共服务需要建设。该类服务设施大都具有很强的外部性。因此，政府必须通过财政资金类投资来主导城镇化建设。资金主要分为中央政府财政预算内投资和地方政府财政预算内投资。在我国城镇化初期阶段，该模式对推动城镇化进程起到了关键作用。

2. 土地财政类投融资模式

分税制的改革，使地方政府考虑必须要增加收入来源，由此形成了土地财政类投融资模式。该模式主要是以土地出让金为财政收入来源，运作方式为政府通过土地开发和市政基础设施建设，来带动土地地块的升值。政府再通过招拍挂的方式，引入社会开发资本，并由此获得城镇建设所需的资金。资金同样主要用于公共基础设施、公共服务等领域建设。

土地财政类投融资模式一方面拓宽了城镇化建设投融资渠道，创新了城镇化建设的投融资模式,但另一方面其弊端也是明显的。主要表现在以下几方面：一是不可持续性。我国土地资源普遍稀缺，城市储备土地资源有限，农村耕地资源也非常有限。土地出让的方式难以持久。二是社会矛盾激烈。城市的建设用地必然要涉及城市拆迁和农地占用。三是房地产市场畸形。土地财政的投融资模式是通过地价来获得收入，这直接造成了地价的上涨，推动了房价的直线上升。房价严重超过居民收入水平，房地产市场无序畸形。

3. 地方政府投融资平台类模式

在市场经济的深入改革下，财政投融资模式和土地财政投融资模式已难以满足城镇化建设资金需求，地方政府投融资平台应运而生。运作模式为地方政府授权成立投融资平台类企业，并将财政资金、国债、税收返还、规费、国有股权、土地收入、专项基金等注入该平台。政府城镇化建设的所有市场化运作全部由投融资平台来承担。平台主要职能为基础设施建设、战略投资、资产保值升值、招商引资等。

投融资平台模式进一步深化推进了市场化投融资模式,但也存在一些隐患。这些问题主要表现在：一是地方财政风险。投融资平台模式虽在模式上有所创新，但该模式在财政收入上依然依赖土地财政。财政体制、土地政策的变化都会对此造成重大影响。财政实力风险、财政负担风险、土地收益波动风险常常伴随。二是投融资平台自身运营风险。投融资平台责任主体往往不清晰，治理结构不完善，现金注资占比低。这给投融资平台带来了治理结构风险、自身偿债能力不足风险和政府支持风险。三是负债率居高不下。据统计，2011 年我国地方政府土地出让收入超过 3 万亿元，而地方政府的债务余额却已超过 10 万亿元。根据国家审计署 2011 年第 35 号审计结果，截至 2010 年底，全国共有 6576 个地方融资平台，平均每个县 2.3 个，平均每个融资平台举债 7.6 亿元。

6.3 辽宁省新型城镇化建设投融资模式障碍分析

改革开放前期，辽宁省城市化步入快速发展轨道。1990年，城镇人口达到1644.9万人，城市化水平为42.0%，比1978年城市化率提高了11.3%，平均每年提高1.01%。这一时期，全国城市化水平从1978年的17.9%提高到1990年的26.2%，平均每年提高0.69%，辽宁省城市化速度是全国平均水平的1.46倍。

1990年以后，辽宁城市化进程明显减慢，截至2008年，城市化率由1990年的42.0%提高到49.9%，仅提高7.9个百分点，平均每年增长0.44%。在这期间，全国城市化水平提高了19.5个百分点，平均每年增长1.08%，辽宁省城市化水平提高幅度不足全国平均水平的1/2。可见，改革开放以来辽宁省的城市化严重滞后，而造成这种滞后的原因是多方面的。

6.3.1 单一的财政支出渠道难

我国在推进城镇化的进程中，国家和地方层面都是以财政资金作为城镇化融资中最主要的资金来源，包括中央财政和地方财政的支出。在城镇化发展的初期财政资金是一个很好的融资路径，然而现阶段地方政府的城镇化建设所需资金数额巨大，不仅包括城镇的基础设施和公共设施建设，还包括农业人口迁入城市后的安置问题，以及农业用地征用的补偿问题等。现有的财政收入能力不能弥补这个资金需求，更不能满足未来城镇化建设的资金需求，且资金缺口较大。

同时，由于我国经济发展地区性差异显著，经济发展好的省份经济实力较强，城镇化建设的资金靠地方政府的自有资金就完全能够供给，但有些经济落后地区，如西部地区和边疆地区的财政能力不能满足城镇化资金的基本需求，单一的依靠政府资金，又会加速这种不平衡式的发展，使地区间的差距越拉越大，使得这些地区城乡间的差距也不断增大。即使是财政能力较强的发达地区和沿海地区的地方政府，城镇化建设所需资金持续增加，后期的投入也在不断跟进，政府也会难以应付。

综上，城镇化建设中过度依赖单一的财政资金是不可取的，使得地方政府陷入财政供给不能满足其资金需求的困境，不利于城镇化建设长期、高速度的发展，不利于地区的经济增长。

辽宁省城镇化建设整体进展情况良好，近年来经济增速放缓、城镇化发展水平不断提高，处于经济增长方式稳定调整的过程中。但是也不难看出，辽宁省城镇化建设中的基础设施建设、转移人口的安置问题和社会保障等方面，地方财政支出仍处于资金来源的主导地位，是主要的资金供给方。这种情况，造成地方政府陷入困境，自有资金不足以满足资金需求，存在资金缺口，同时融资责任和压力不断加剧，迫使地方政府不断探讨新的融资模式、挖掘新的融资途径。

6.3.2 现代化农业和基础设施建设带来大量的资金需求

农业现代化和城镇化是同时存在的，农业现代化同样有大量的融资需求。城镇化的不断推进使农业生产方式向着集约化和规模化的发展方式转变。新型的城镇化要和现代农业化结合，使大量富裕的农业劳动力向城镇转移，这就需要有大规模的土地管理成本和农业人口转入城市后的安置经费，需要投入更多的支出用于城镇的基础设施建设，教育、养老、医疗等服务设施建设，还需要加大再就业、继续教育的技能培训。使新型城镇化后的产业化和规模化的发展要求将产生大量的信贷资金需求。此外，为建立节能环保、和谐、可持续发展的城市，对于基础设施以及公共服务领域建设更需要稳定可持续的资金保障。

辽宁省是农业大省和工业基地，因而在新型城镇化的过程中，也同样面临着大量的资金需求问题，农业用地集中规模化、现代化的生产需要大量的设备和技术投入，也需要较大的资金支持，农业人口涌入城市后的子女教育、再就业培训、医疗、保险、户口、住房等系列安置问题，也是关系民生的重点，同样也需要大量的资金投入。而单纯依靠辽宁省地方财政的收入，不足以满足城镇化后的资金需求，出现较大的资金缺口。

6.3.3 融资体制、融资结构、融资渠道的阻碍

从辽宁省当前实际情况来分析，与城镇化建设相匹配的融资体系还不够完善。金融机构和非金融机构的服务组织总量较少。而且，金融业服务的侧重点仍集中于中心城市,对乡镇的金融服务较为欠缺。使得地区的融资体制不健全，没有做到金融机构网点的全部覆盖，经常出现的是农村金融机构单一，网点的覆盖率低，融资力量十分薄弱。

地方投融资平台管理不规范，金融类和非金融类公司治理结构不合理。由于设立融资公司的条件并不严格，设立了多级的融资平台，缺乏一整套的约束机制，抵押担保资源不足、信用等级不高，融资中经常有欠款收不回来的情况。而仅以信贷支持城镇化发展，不能满足多样化金融产品的需求，需要对融资的模式进行创新，融资机制进行改制。

6.3.4 地方政府融资平台风险加剧

在城镇化的发展背景下，政府需要发展经济拉动投资并完善基础设施建设，由于每年的财政资金有限，投资资金缺口很大，而且在我国《预算法》的规定约束下，地方政府不允许发行市政债券，地方政府也不得采用向银行透支或借款弥补赤字。在上述两种融资路径被堵的情况下，只好采取变通的办法，即通过成立各种政府投融资平台公司，如城市建设投资公司、城建开发公司、城建资产经营公司等，筹组具有独立法人资格的公司作为自己的筹资载体，实现曲线举债从而使地方政府债务不断扩大。据银监会统计，2012 年地方政府融资平台已有 10622 家，地方融资平台主要融资形式有四种方式。一是银行贷款，目前已成为平台资金的主要来源，银监会数据显示，截至 2013 年 6 月末，银行对地方融资平台贷款余额 9.7 万亿元。二是财政部代发的地方政府债券。截至 2013 年 6 月，财政部共发行地方政府债券 8922 亿元。三是发行城投债，据 Wind 资讯统计，截至 2013 年 3 月底，城投债存量共 1530 只，余额达 1.95 万亿元，较 2012 年底环比增长 35.42%。四是信托资金，资金总额有 2.2 万亿元左右。为防范金融风险，银监会 2010~2013 年连续四年发布地方融资平台风险监管文件，对贷款投放实施名单制管理和总量控制，并提出 2014 年确保平台贷款余额不增加，可见其金融风险已不可小觑。

1. 偿债的流动性风险加剧

随着上一轮经济刺激过程中的政府融资平台进入偿还高峰期，而地方财政收入没有明显改观，财政收支和投资却在大幅增加，因此财政偿债压力加大，债务风险逐渐积累。众所周知，为了适应经济发展和政府各项职能的健康持续运转，财政赤字的扩大会直接导致政府大量举债，所以有必要分析地方财政基本状况，以便更好地分析政府债务现状。2007~2017 年我国地方财政收入和支出均出现逐年增长的现象，但是支出增长更快，年均增长率为 16.3%，远高于同区间的 GDP 增长率，说明财政支出效益对 GDP 的贡献能力渐渐衰弱，缺口也在逐渐扩大，年均增长率约为 18.7%，且近三年赤字增速有所放缓，年均增长率约 15.4%。截至 2017 年，地方财政赤字已达 82023 亿元人民币，同比增长 12.2%，可见赤字增速有所减缓，但是规模依然庞大，这将会直接影响地方政府的偿债能力，导致其继续扩大举债，从而加大地方政府性债务风险的管理难度。

地方政府举债大多投入市政建设、交通运输建设、教科文卫、保障性住房等领域，这些公益性项目的共同特点是往往很少现金流，也没有短期收益，而且平台公司再融资遇到了瓶颈，受阻于资产负债率 80% 的红线。因此，对于地方融资平台来说，还本付息是一大难题，在货币政策稳健的情况下，银行贷款的持续收紧致使地方融资平台的融资成本进一步上升，融资平台的流动性风险加剧。

2. “影子银行”的金融风险增加

由于土地财政的增长放缓，以及正规银行贷款受到负债率红线的限制，使地方融资平台更多依赖“影子银行”体系，如投资银行、对冲基金、货币市场基金、债券保险公司，利用融资租赁、票据、企业债、私募基金、银行表外的理财产品购买融资平台信托计划的受益权等方式，向融资平台发放信托贷款，或者用“委托贷款”的方式向地方融资平台不断地输送资金。2013 年 10 月，中国社会科学院发布《中国金融监管报告 2013》称，如果采用最窄口径（只包括银行理财业务与信托公司），2012 年底中国影子银行体系也已达到 14.6 万亿元（基于官方数据）或 20.5 万亿元（基于市场数据）。前者占 GDP 的 29% 与银行业总资产的 11%，后者占 GDP 的 40% 与银行业总资产的 16%。影子银行业务借款主要流向地方政府的融资平台，主要是因为影子银行看中了地方融资平台有土地抵押，还有财政承诺、人大的决议作为隐性担保，所以并不担心地方融资平台违约。由于“影子银行”信息不透明且资金成本相对较高，加上其背后隐含地方政府担保，极易造成财政与金融风险的累积。

3. 融资平台经营风险加剧

地方政府投资平台一般由地方政府设立，在平台公司内部，公司管理层一般由政府指派。该模式下的约束机制有待加强和完善，监督、监管有待加强。

6.4 辽宁省新型城镇建设的投融资模式设计

公共民营合伙制模式是 20 世纪 90 年代迅速发展起来的融资模式，并很快在欧洲特别是英国得到了广泛的应用，近年来 PPP 融资模式已被我国引用，成为政府公共部门解决投资资金短缺问题的有效方法。在大型基础设施的建设中，PPP 最本质的机理就是通过私营化和商业化的运作提高基础设施的建设和服务效率，还可以填补基础设施建设资金的缺口，减轻政府的财政压力。通过对问卷调查和分析，总结出 PPP 的风险影响因素，并用 ISM 法整理它们的层级结构，找出影响 PPP 风险的主要原因，对于融资主体制定相应的措施，在项目实施过程中规避风险有着重要意义。

6.4.1 分析影响因素

为了准确找出影响 PPP 风险的因素，随机对沈阳、上海、武汉、北京等地从事工程项目融资的人员进行了问卷调查，内容为 PPP 融资模式的风险影响因素，最后收回有效问卷 253 份，对问卷整理后得出 12 个主要影响因素，见表 6-2。设定 PPP 的风险为 S_0，其他影响因素为 S_1，S_2,…，S_{12}。

PPP 的影响因素 表 6-2

影响因素	代号 S_i	影响因素	代号 S_i
政治风险	S_1	利率风险	S_7
开发风险	S_2	通货风险	S_8
经济风险	S_3	信用风险	S_9
政策风险	S_4	成本风险	S_{10}
技术风险	S_5	运营及完工风险	S_{11}
工期风险	S_6	法律风险	S_{12}

6.4.2 决定要素间的关系

以上这些因素有些是相互交叉关联的，因素中的影响因素，形成十分复杂的递阶因素链。同时，每项大的因素又由许多小的因素构成，分析这些因素构建 ISM 模型，首先就是要分清这些因素之间的彼此逻辑关系，通过对调查问卷的整理，得出了各因素之间的逻辑关系。图 6-3 中 "E" 代表行因素对列因素有直接影响。

S_0												
E	S_1											
		S_2										
E			S_3									
	E		E	S_4								
					S_5							
						S_6						
			E				S_7					
			E					S_8				
			E						S_9			
			E							S_{10}		
E											S_{11}	
												S_{12}

图 6-3 因素间影响关系

6.4.3 建立邻接矩阵

根据图 6-3 所示的各影响因素之间的逻辑关系，建立邻接矩阵 A，A 的行列因素相同，为 13 阶方阵。排列顺序均为 S_0，S_1，S_2，…，S_{12}，对应矩阵中数值为 1 的元素表示该行因素对该列因素有影响（其中包括自相关，即 S_i 影响 S_i），数值为 0 的元素则表示该行因素对该列因素无明显影响或影响可以忽略不计。

$$\boldsymbol{A}=\begin{bmatrix} 1&0&0&0&0&0&0&0&0&0&0&0&0\\ 1&1&0&0&0&0&0&0&0&0&0&0&0\\ 0&0&1&0&0&0&0&0&0&0&0&1&0\\ 1&0&0&1&0&0&0&0&0&0&0&0&0\\ 0&1&0&1&1&0&0&0&0&0&0&1&0\\ 0&0&0&0&0&1&0&0&0&0&0&1&0\\ 0&0&0&0&0&0&1&0&0&0&0&1&0\\ 0&0&0&1&0&0&0&1&0&0&0&0&0\\ 0&0&0&1&0&0&0&0&1&0&0&0&0\\ 0&0&0&1&0&0&0&0&0&1&0&0&0\\ 0&0&0&1&0&0&0&0&0&0&1&1&0\\ 0&0&0&0&0&0&0&0&0&0&0&1&0\\ 0&1&0&0&0&0&0&0&0&0&0&0&1 \end{bmatrix}$$

6.4.4 进行层级划分

根据邻接矩阵，计算所有因素的可达集合 R（S_i），先行集合 S（S_i）及可达集合 R（S_i）与先行集合 S（S_i）的交集见表 6-3。由于 S_0 的可达集合 R（S_0）等于它的先行集合与可达集合的交集，所以因素 S_0 是层次结构模型最高级。

第 1 级的可达集合与先行集合 表 6-3

S_0	$R(S_i)$	$S(S_i)$	$R(S_0)$
S_0	S_0	$S_0, S_1, \cdots, S_{12}$	S_0
S_1	S_0, S_1	S_1, S_2, S_4	S_1
S_2	S_0, S_2, S_{11}	S_2	S_2
S_3	S_0, S_3	$S_3, S_4, S_7, S_8, S_9, S_{10}$	S_3
S_4	$S_0, S_1, S_3, S_4, S_{11}$	S_4	S_4
S_5	S_0, S_5, S_{11}	S_5	S_5

续表

S_0	$R(S_i)$	$S(S_i)$	$R(S_0)$
S_6	S_0, S_6, S_{11}	S_6	S_6
S_7	S_0, S_3, S_7	S_7	S_7
S_8	S_0, S_3, S_8	S_8	S_8
S_9	S_0, S_3, S_9	S_9	S_9
S_{10}	S_0, S_3, S_{10}, S_{11}	S_{10}	S_{10}
S_{11}	S_0, S_6, S_{11}	S_2, S_4, S_5, S_6, S_{10}, S_{11}	S_6, S_{11}
S_{12}	S_0, S_1, S_{12}	S_{12}	S_{12}

找出最高级要素集 S_0 后，将其从可达矩阵中划去相应的行和列，形成新的可达集合和先行集合关系表（表 6-4）。

第 2 级的可达集合与先行集合 表 6-4

S_0	$R(S_i)$	$S(S_i)$	$R(S_0)$
S_1	S_1	S_1, S_2, S_4	S_1
S_2	S_2, S_{11}	S_2	S_2
S_3	S_3	S_3, S_4, S_7, S_8, S_9, S_{10}	S_3
S_4	S_1, S_3, S_4, S_{11}	S_4	S_4
S_5	S_5, S_{11}	S_5	S_5
S_6	S_6, S_{11}	S_6	S_6
S_7	S_3, S_7	S_7	S_7
S_8	S_3, S_8	S_8	S_8
S_9	S_3, S_9	S_9	S_9
S_{10}	S_3, S_{10}, S_{11}	S_{10}	S_{10}
S_{11}	S_6, S_{11}	S_2, S_4, S_5, S_6, S_{10}, S_{11}	S_6, S_{11}
S_{12}	S_1, S_{12}	S_{12}	S_{12}

同理可得 S_1、S_3、S_{11} 为第二级别的因素，划掉相应的行列之后得出第三级别的影响因素（表 6-5）。

第 3 级的可达集合与先行集合　　表 6-5

S_0	$R(S_i)$	$S(S_i)$	$R(S_0)$
S_2	S_2, S_{11}	S_2	S_2
S_4	S_1, S_3, S_4, S_{11}	S_4	S_4
S_5	S_5, S_{11}	S_5	S_5
S_6	S_6, S_{11}	S_6	S_6
S_7	S_3, S_7	S_7	S_7
S_8	S_3, S_8	S_8	S_8
S_9	S_3, S_9	S_9	S_9
S_{10}	S_3, S_{10}, S_{11}	S_{10}	S_{10}
S_{12}	S_1, S_{12}	S_{12}	S_{12}

6.4.5 建立结构模型

影响 PPP 的风险因素有 3 层：

第一层为 S_0；

第二层为 S_1、S_3、S_{11}；

第三层为 S_2、S_4、S_5、S_6、S_7、S_8、S_9、S_{10}、S_{12}。

这 3 层因素集中反映了影响 PPP 风险的因素，他们之间的层次关系形成了有一定逻辑关系的影响因素链，可据此绘出影响因素结构模型图和解释结构模型图，如图 6-4、图 6-5 所示。

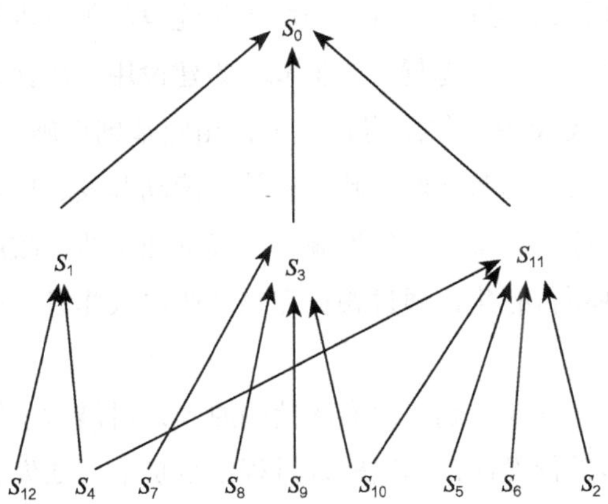

图 6-4　结构模型

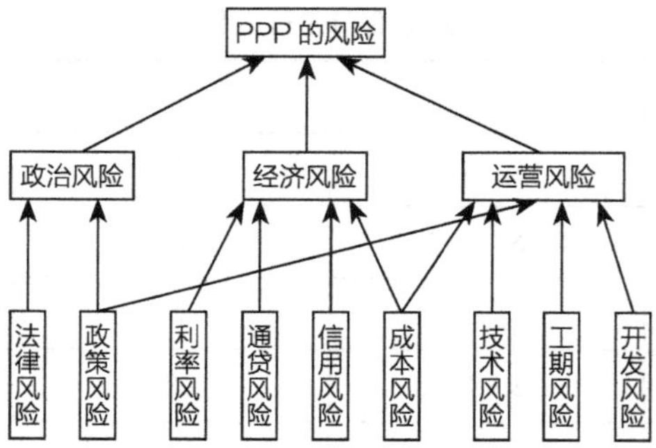

图 6-5　解释结构模型

6.4.6　ISM 分析

从图 6-5 所示的解释结构模型可以看出影响 PPP 的风险有 3 层，呈层层递进关系，各因素间相互关联、影响。其中政策因素与成本因素影响面较广，影响第二层的多数因素，其中影响经济风险的因素最多，其中包括政策、利率、通货膨胀、信用和成本因素。

6.5　新型城镇化进程中的融资风险因素分析

为从机制上谋划破解辽宁省新型城镇化示范城镇建设面临的资金瓶颈，本章确定了新型城镇化示范城镇建设农民集中居住社区、工业集中区和现代农业产业园区的具体要求，需对辽宁省新型城镇化进行融资模式风险因素分析。

6.5.1　农民集中居住区建设的融资模式

农民集中居住区是推进辽宁省新型城镇化建设的关键内容，包括建设用地指标取得、住房建设、宅基地腾空复垦或转为建设用地出让等环节，涉及的项目类型主要有：农民集中居住用房建设（含相应基础设施）、土地收储、城镇基础设施建设等项目。本节本着“政府统筹、滚动开发、项目收益最大化、融资渠道多元化”的原则，整合全省资源，明确责任主体，政府增信推动，通过择优滚动开发实现项目孵化，通过融资完善企业法人建设，进行多元化融资。

1. 运作主体

按照全省统筹、责任明确、政府增信的原则，对借款主体和担保主体架构及相互间资金流转进行设计，解决融资过程中承贷平台缺失、信用资源有限的问题。

借款主体为“省平台＋县（市）平台”的二维结构，旨在统筹全省资源、最大限度发挥资源撬动作用、最大限度实现项目收益的同时，明确相关县（市）的建设责任和债务实际偿还义务。其中，省平台负责归集中央、省各级财政及其他城镇化专项资金，注资县（市）平台，并出资成立专项担保公司，充分发挥专项资金的撬动作用；择优滚动开发项目，待项目实现自身资金平衡后收回投资，实现项目孵化；统一融资，适时引进战略投资者；同时可为县（市）平台融资提供担保。县（市）平台包括县（市）平台公司和土地储备中心两类。平台公司负责具体项目实施、债务融资、归集政策性资金返还收入和项目经营收益；待项目实现资金平衡后，回购省平台投资，实现省平台的退出，完成项目孵化。土地储备中心专项负责土地储备项目融资、建设。

担保主体即由省平台出资设立专项担保公司，为城镇化项目融资提供担保，可委托省担保负责日常运营。

2. 融资路径及资金平衡

初期融资以银行贷款为主，随着借款主体的逐步完善，可以引入战略投资者、发行债券以及运用其他金融产品融资。银行向县（市）平台提供贷款，省平台通过注资提供项目资本金还款来源为县（市）平台取得的政策性返还收入、项目经营性收入，土地储备中心取得的土地收储成本返还。专项担保公司和省平台为融资提供保证担保。融资路径详见图 6-6。

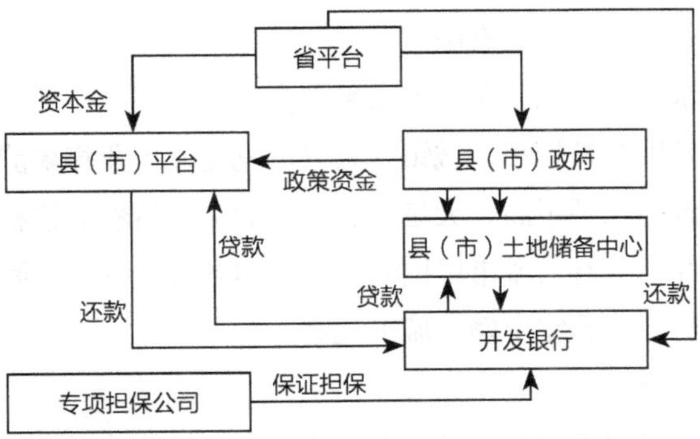

图 6-6　示范城镇化融资路径设计

平台公司与土地储备中心通过项目资源的市场化运作，实现自身的资金平衡。平台公司通过运营项目获得经营性收益，并且政府实现的税收增收等间接收益直接或间接归集至平台公司，从而形成企业现金流，增强平台实力，偿还银行贷款。县政府用综合收益回购省平台持有的县平台股权，完成省平台退出。

土地收储中心通过实施土地储备项目实现土地出让收入，其中成本部分返还县土地储备中心，用于偿还贷款；收益部分归集于县平台。县政府用综合收益偿还省平台向县政府借款，完成省平台退出。

6.5.2 工业园区建设的融资模式

工业园区建设是保证产业活力，推动新型城镇化可持续发展的关键，包括园区基础设施建设和工业项目建设。其中园区基础设施建设项目主要包括土地收储（含通平等基础设施建设）、道路建设以及标准化厂房建设等项目，可参照农民居住区项目建设的模式融资运作。工业项目依托示范镇产业资源，主要包括装备制造及汽车零部件配套、矿产资源开发、医药等特色工业项目，以及配套的商贸物流项目。

1. 工业主导型示范镇存在的主要问题

（1）产业发展规模较小

目前，辽宁省工业主导城镇的支柱产业仅仅以个别现有的工业企业为主，少数企业的生产运营对当地工业经济的发展起到了决定性的作用，整个镇域经济处于以企业带行业发展的状态。大多数企业规模较小，无法形成核心竞争力，在市场竞争过程中处于被动不利的局面，无力抵御市场风险。商贸物流行业企业缺乏具备强劲发展动力的产业支撑和大项目拉动，基础设施配套与商贸服务整体质量不高，物流品牌塑造有待加强。但由于产业规模较小，城镇产业集聚，人口承接和就业竞争力十分有限。

（2）城镇基础设施和公共服务水平不高

由于产业发展规模较小，城镇的人口、就业、产业集聚能力有限，工业主导型乡镇基础设施水平不高。大量的农村产业工人虽然居住在城市并被计算为城镇人口，但并不享有与城市居民同等的住房条件、下一代教育和社会保障等社会资源和权利，很难完全融入城市社会。

2. 主要融资途径

工业项目市场化程度高，可以根据项目自身条件选择市场上多种金融产品进行融资。下面根据示范镇主要工业产业推荐几种应用较为广泛的融资方式：

（1）银行贷款

银行贷款适用于全部工业项目。其中，装备制造和汽车零部件配套项目可以土地、设备抵押作为信用结构；矿产资源开发项目可以采矿权质押、设备抵押作为信用结构。

（2）融资租赁

融资租赁主要适用于装备制造、汽车零部件配套、矿产品深加工、医药及新材料等项目。

（3）投资融资化

投资融资化主要适用于汽车零部件配套、矿产品深加工等项目。此类项目上下游产业链相对稳固，且下游企业多为大型国有企业，如一汽、中石油、中石化等，可引导下游大型国企投资，以项目盈利进行分红。

（4）财政专项基金或产业基金

财政专项基金或产业基金可用于装备制造、医药等国家大力发展的产业。

（5）引进风投

引进风投主要适用于医药产业等不确定性与风险投资理念相一致的产业。

6.5.3 现代农业园区建设的融资模式

现代农业是新型城镇化的重要载体。示范镇现代农业园区建设目标是以绿色种植为产业主导，建设产业高度循环，原料“零剩余、零污染”，安全高效、可持续发展的农副产品加工园区，形成功能齐全、基础设施完善、生态环境优美、具有国际竞争力的绿色产业、安全食品现代农业示范区，和谐宜居生态新城。

1. 特色城镇建设存在的主要问题

在农业产业化深加工方面，加工工艺相对落后，一些特色鲜明的农产品，如柞蚕、辣椒、蓝葛、芦笋等，需引进新工艺新企业进行深加工，以提高产品附加值和品牌知名度。在城镇建设方面，与地市之间缺乏总体规划协调；城镇规模小、基础设施落后；特色产业工业化、规模化程度低，经济实力弱，影响城镇化水平的提高和农村剩余劳动力的转移。

2. 融资模式设计

现代农业园区建设主要包括园区基础设施建设和农业项目建设。园区基础设施建设可按照前述农民居住区建设的融资模式进行建设融资，农业项目则根据具体生产组织方式不同，设计不同融资模式：

（1）“公司 + 农户”融资模式

“公司 + 农户”组织形式下，构建龙头企业融资机制，积极争取政府预算资金支持，吸引银行信贷资金注入农业产业领域。重点建立起形式灵活多样的农业专业合作机构，作为龙头企业与农户间信息沟通与资金流转的有效平台。

推动建立行之有效的农业担保组织，解决农业领域贷款主体抵质押资产不足的关键问题。

（2）“农民合作经济组织”融资模式

农民合作经济组织按照组织形式和联系紧密程度划分，通常分为专业合作社、股份制合作社和专业协会三种类型。由于农民合作组织在不同程度上实现了农业生产的规模化和集约化，构建了农业生产经营的共同体，从不同角度和不同层面克服了以家庭为单位传统农业生产小而散的缺点，能够发挥起组织增信和规模化融资的作用。

1）“基金联保成员分贷”模式。该模式以加入合作组织的农户为资金承贷主体，农户按照一定比例共同缴纳资金构成联保基金，由合作组织共同管理，以作为合作组织向银行申请贷款的担保资金，为合作组织成员申请担保贷款。银行业金融机构按照合作组织提供的联保基金数额，在综合评估区域风险系数的基础上，按照一定杠杆系数放大后向合作组织成员农户授信。合作组织承担贷款期内的全程连带担保责任，在成员农户因各种原因无法按期还本付息时，向银行偿还贷款本息。该模式由合作组织成员共同缴纳的联保基金作为贷款担保，能够激发合作组织内部农户间相互监督的积极性，同时节省了专业担保公司的担保费用，降低了农民融资成本，减轻了农民负担，如图 6-7 所示。

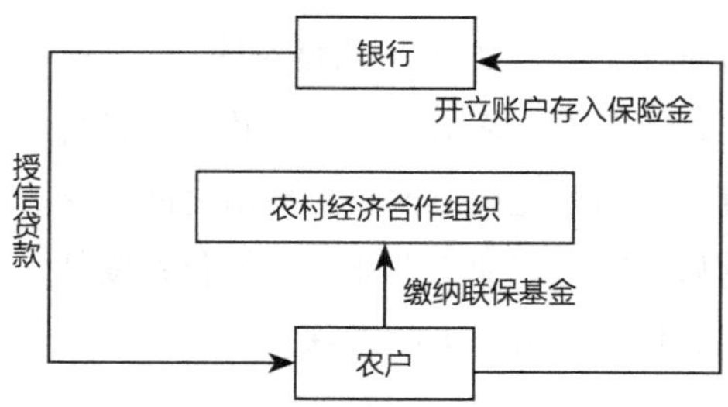

图 6-7　基金联保成员分贷融资模式

2）“成员联保银行分贷”模式。该模式由同一生产经营领域内农户组织建立行业协会，按照协会内农户间相互提供联保的形式向银行融资，协会内农户作为贷款最终承贷主体。这一模式在协会成员间提供联保的同时，激励了成员间的相互监督，能够在节约专业担保机构担保金的同时，降低银行贷款面临的道德风险，有利于降低信贷资金风险。

3）“募股集资成员互助”模式。区别于以上两种融资模式，该模式下信贷资金由合作组织在成员内部筹措，形成互助信贷资金池，资金统一存放于在托管银行设立的资金专户内。合作组织成员在出现资金需求时，可向合作组织内部管理机构申请一定数额的有偿资金使用权。合作组织内部管理机构按照成员出资金额和信用状况对其提供一定数额的资金借贷。资金信用中形成的利息收入在扣除相关资本留成和管理费用外，向合作组织成员提供分红。由于合作组织对成员情况熟悉且便于监管，该类融资无需提供抵质押和担保，且由于资金来自组织内部，贷款利息和期限更加灵活。但受制于贷款资金来源仅局限在合作组织内部，资金规模有限，难以满足农户对大额信贷资金的需求，如图 6-8 所示。

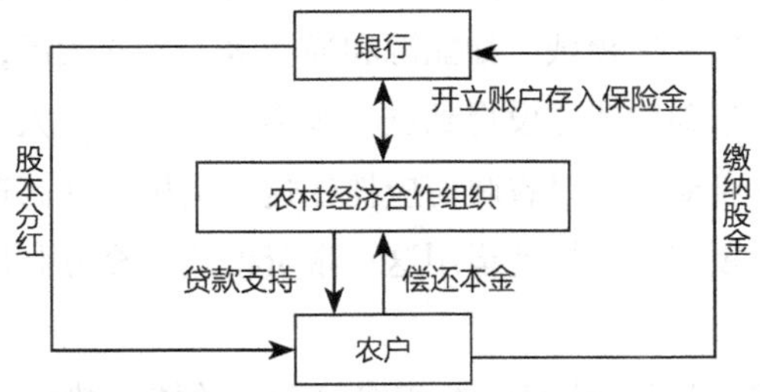

图 6-8 募股集资成员互助融资模式

（3）“四台一会”农业中小企业融资模式

“四台一会”模式是国家开发银行创新设计的中小企业融资模式，主要是由组织平台、融资平台、担保平台、公示平台加上基于中小企业信用协会共同组成的关联密切的有机体系，主要由以下四个方面构成：一是平台统贷、统贷统还。政府指定机构作为统贷平台，与开行签订统一借款协议，再由其指定的委托贷款银行向申请贷款的中小企业进行发放。贷款回收时，中小企业先将贷款本息归还至指定的委托贷款银行，统贷平台归集委托行回收的贷款本息后返还至开行。二是专业担保。政府出资成立中小企业担保有限公司，专门为统贷平台向开行申请贷款提供担保，作为用款人的中小企业再为中小企业信用担保有限公司提供反担保。三是组织、抱团增信。政府作为第一大股东，向中小企业担保有限公司现金注资，以政府信用为支撑，提高担保公司的信用水平和担保能力，并成立开发性金融合作办公室等专门机构，确保从行政组织层面为融资信用平台的良性运转保驾护航。各中小企业则采用互联互保的形式，抱团增信，形成了风险共担的利益共同体。四是商业银行结算。中小企业贷款的具体资金支付和结算，委托给专门的商业银行负责。

6.5.4 创新融资模式的选择

随着新型城镇化对资金的需求日益增加，单纯的财政融资模式已经不能满足需要。目前，债券融资、股权融资膨胀可能引发金融风险，土地财政融资效率低下。在此背景下，项目融资模式为地方政府融资带来新的途径。项目融资模式包括：

1. BOT 融资模式

BOT（Build-Operate-Transfer）融资模式，即建设 - 经营 - 转让融资模式。在辽宁省，这一融资模式曾应用在抚顺市的污水处理厂建设上。另外，大连市垃圾焚烧厂和老虎滩污水处理厂的建设也得益于该融资模式，这些项目虽然比较成功，但这种融资模式也只局限于与之类似的项目，并没有在全省得到普遍施行，更没有推广到其他领域，如能源和通信等。十八大后，辽宁省加快加深新型城镇化建设，基础设施建设得到进一步强化，在这一大背景下，会有一批重大基础设施项目启动，所以省政府应抓住这一契机，在高速公路、地铁和轻轨等城市基础建设领域有选择地运用这一融资模式，充分利用民间资本和外资推进城镇化建设。

在 BOT 融资模式下，政府让外商或民企来筹资、建设和经营项目，风险得到转移，政府不用承担风险并且可以得到部分招标资金，政府可以集中资源投资那些关系到国计民生的项目。地方政府对这些项目拥有实际的控制权，这可能也是 BOT 融资模式被广泛采用的重要原因。除此之外，采用 BOT 融资模式还能在引进外资的同时吸引国外的先进技术，改善和提高项目管理的水平，有利于提高项目的运作效率。

2. TOT 融资模式

TOT（Transfer-Operate-Transfer）融资模式，即移交 - 经营 - 移交融资模式。辽宁省是东北老工业基地的重点地区。其下辖各个地区已经有比较雄厚的城镇化基础设施，各地区政府可以充分利用已建成基础设施，尝试运用 TOT 融资模式，如此可以取得多年的项目特许经营权的转让费。一方面，这种融资模式可以提高这些基础设施的经营效率；另一方面，可以利用得到的转让费投入到其他更需要的项目中去。TOT 融资模式可以在准经营性项目领域运用，如跨海大桥和自来水等基础设施建设。需注意的是，要管理利用好经营所有权转让资金，使其更好地为其他基础设施建设服务。

3. PPP 融资模式

PPP（Public-Private-Partnerships）融资模式，即政府与民企合作融资模式。

政府和民企共同参建保障房。一方面，政府可以充分利用民企的良好技术和充足资金；另一方面，民企可以获得税收优惠、贷款担保和土地优先开发等支持政策，最终确保保障房的及时供给。

4. ABS 融资模式

ABS（Asset-Backed-Securitization）融资模式，即资产证券化融资模式。虽然辽宁省在基础设施建设方面取得了一些成就，但还有很大发展空间。基础设施投资的经济效益可观，可预期的现金流收益稳定，但因基础设施建设周期长，资金周转率低，迫切需要长期稳定的资金来源，无法单纯依靠政府和银行，因此，ABS 融资模式就成为一种重要融资模式。对基础设施进行证券化易于成功，因为其标的资产质量较好，因而是资产证券化的首选对象。与 BOT 融资模式相比，证券化融资涉及的机构相对较少，从而减少了大量中间费用，使融资费用相对较低。ABS 融资模式下，可以使政府保持对项目运营的控制，因而在基础设施领域，ABS 融资模式的使用范围要比 BOT 融资模式广泛。但却不利于引进国外先进的技术和管理经验。ABS 融资模式下，项目的投资者是资本市场上的债券购买者，数量众多，这就极大地分散了投资风险。也避免了项目被投资者控制。

综上所述，为推进新型城镇化建设，辽宁省政府需要利用多种创新性融资工具和融资模式进行融资。积极为城市基础设施的投资、建设和运营引进社会和民间资金。辽宁省政府应当结合本地区实际。充分发挥 BOT、TOT、PPP 和 ABS 等多种新型融资模式的优势，为辽宁省新型城镇化建设过程中的基础设施和公共服务设施建设筹集资金。另外，在实际操作这些创新性的融资模式时，要综合考虑风险、经济、法律以及工程技术等一系列的问题。

6.6 提升城镇建设投融资能力的对策与建议

6.6.1 完善相关政策的支持

1. 加强农业现代化的专项资金

鼓励发展农民专业合作社。增加扶持的数量，增大扶持资金额度，设立专项资金，用于城镇化后的农业规模化和现代化的生产；城镇化建设中，鼓励农村实行土地集约化生产和农业机械规模化经营，因此需要补贴资金购买大量的农业机械化设备，实现规模化生产；对就地城镇化的农村实现城镇化的改造，同时，加大对农村公路、安全饮水、危房改造、环境整治、绿化村屯、土地整理的资金投入；积极推进农业基本建设项目，纳入国家相关项目建设规划，推进农业的现代化建设。

2. 支持产业园区发展和重大项目建设

城镇化的建设少不了产业的支持，特别是对于辽宁省这样的工业基地。因而，应鼓励产业园区的建设和重大项目的建设。减少审批环节，简化行政审批程序，吸引更多的省外投资者和生产企业。加大招商引资力度，加大政策性倾斜和扶持的力度。对于落户本省城镇的国家级和省级的重大产业项目，依据国家规定的标准给予土地价格的优惠、税收收入的优惠、行政事业性收费减免以及从专项资金优先补助等政策支持。鼓励产业园区的发展和重大项目建设联系起来，实现最大项目在产业上的溢出效应。

3. 加大第三产业资金投入

加大第三产业的资金投入力度，有助于新型城镇化的建设，如旅游、物流和服务行业等。鼓励自主创业，进行服务行业的工作。给予创业资金支持。鼓励发展特色旅游项目。建设地区具有民俗风格的各类旅游服务项目，如独特的家庭式旅馆，结合地方风貌、文化特色的旅游产业。发展资金从省级旅游发展专项资金中给予支持。建设农产品批发市场、农贸市场，加大对农业用地的补偿。

4. 加大基础设施和项目投资的资金引入

通过各种优惠政策吸引项目投资。吸引更多企业家在当地进行投资，促进当地新型城镇化建设的资金引入。对于技术含量高、投资回报率大、社会效益高的企业，给予政策上的倾斜。对符合条件的外商投资方，可通过减免税收、无偿赠款、低息贷款、财政贴息、价格补贴等方式进行财政资助。同时，加强当地基础设施，特别是公路等的建设，能吸引更多的外来企业，在一定程度上减轻政府的融资压力。

6.6.2 吸引多元融资主体发展新型城镇化

政府与市场是不可缺少的城镇化融资主体。在新型城镇化融资过程中，要避免两种极端现象，一是避免政府在城镇化发展进程中对公共事业及公共产品的全部包揽和买单，过分强调公共产品的社会效益和福利属性；二要避免把归属政府的公共责任全部推向市场。城镇化融资主体多元化已经成为城镇化过程中绕不过去的坎儿，而对未来辽宁5000多亿元的城镇化资金需求压力，吸引社会和市场等多元可持续的融资主体是摆在政府面前的首要任务。

1. 建立风险分担与利益共享的融资模式

城镇融资主体多元化是辽宁发展城市经营的基础。随着融资需求结构的变化和融资总量的增加，只有创新融资方式，才能为新型城镇化建设提供可持续的资金保障。

第一，发展市政债，规范政府债务融资。从世界各国经验看，市政债是各国城镇化建设的重要融资工具。主要原因是市政债具有信息公开、债务透明、品种期限多样化的特点，有利于把地方政府隐性的、不规范的债务显性化、规范化，从而有利于管理政府的举债行为。因此，针对辽宁省融资渠道相对单一，不能适应新型城镇化巨大资金需求的实际，借鉴国际经验，拓宽融资渠道，建立市场化的地方政府举债机制，是辽宁未来新型城镇化融资更为可行的现实选择。

第二，投资资产证券化，盘活存量资产。国际经验显示，资产证券化是西方发达国家的常用融资工具。当前美国资产支持存量达到 9.8 万亿美元，占美国债券市场总量的 20.5%，规模仅次于国债；2012 年，欧洲证券化产品规模亦高达 2.27 万亿美元。辽宁省固定资产市场巨大，而资产证券化市场明显不足，通过资产证券化形式，可以盘活基础设施、废弃土地等缺少灵活性的城镇资产，完善城镇化融资体系。

第三，拓宽投资主体，增强多元化资本融入。不断壮大的民间投资已经成为促进辽宁省经济发展的重要力量。实现辽宁省未来的城镇化建设，首先要改变全省各级政府的融资主体地位和风险全部承担观念，把企业、个人和政府作为平等的融资主体，正确处理城镇化过程中政府与市场、政府与社会的关系，逐步构建政府与市场新型城镇化融资共生模式。其次要建立风险分担与利益共享的机制，充分发挥政府、企业等各类社会主体的智慧和能力。

2. 依托项目收益区分融资主体

当前，辽宁省城镇化融资的重点是基础设施和公共事业，基本可以划分为经营性项目、准经营性项目和非经营性项目三种类型。

经营性项目能够获取丰厚利润，属于市场能够发挥作用的领域，主要包括城市公共设施、电力生产、收费公路、铁路、航空运输、信息产业、健康医疗、养老产业等公共产品。通常融资主体以市场的民间资本为主，允许社会资本通过特许经营、股权投资、公私合营等方式参与城市基础设施投资和运营，为民营资本介入经营性项目打开通道。为了保证其社会性，辽宁省各级政府在开放经营性项目的同时应该保留一定的国有股份。

准经营性项目属市场失效或低效领域，主要包括天然气、地铁、自来水、公交、污水处理、垃圾处理等公共事业，通常带有一部分公益性。如果仅仅依靠市场提供产品和服务难以达到最优，因此需要政府对其中部分项目进行一定的投资。

非经营性项目属于市场失效的领域，包括公园、广场、城市道路、城市绿化等，一般不能通过向消费者收费来获取资金，所以其融资主体应该是政府，资金来源应以财政投融资为主。对于企业不能左右的交通网络规划与实施、公共交通工具的价格等一些公共产品与服务，必须明确由政府抉择。

3. 开发准公共产品的融资主体

随着科学技术的快速发展和经济增长方式的转变，城市准经营项目范围不断扩大，诸多城市基础设施与公共事业成为准公共物品，兼有公共物品与私人物品的混合属性，其福利提供的范围越来越小，市场机制的作用越来越明显。因此，对于有收益的准公共产品，要遵循市场融资规则，以政府为引导，积极培育多元融资主体，允许私人资本广泛进入。

第一，释放企业参与和支持城镇化的活力。目前，全省的民营企业是吸纳进城农民工的主力，也是实现农民市民化的重要手段之一。企业主体在促进城镇产业发展、吸引农民就业迁徙、加快基础设施建设、保护环境、传承文化等方面具有不可替代的作用，应努力推广“以企带村”“以企带乡”的城镇化新模式，制定更加宽松的激励政策，引导各类有实力的企业带动农民工进城就业，在未来城镇化过程中承担更多社会责任，做出更大的社会贡献。此外，应大力推动城乡农业龙头企业和涉农企业发行债务融资工具，形成城镇化融资新型主体。

第二，促进保障房融资主体多元化。随着人口城镇化水平的提高和新型城镇化质量的提升，辽宁省保障房建设成为城镇化发展的一大难题。国际经验显示，依托城镇化发展保障房投资主体大体会经历“政府绝对主导或完全主导、政府主导与市场参与并存、政府引导与市场积极参与”三个阶段。当前，辽宁省的工业化和城镇化水平均进入中后期，住房供求矛盾依然严峻，各级政府一方而要直接参与保障房建设，提供专项财政预算资金加以支持，逐步完成从“实物供给”过渡到“货币补贴”，财政补贴从“砖头补贴”转向“人头补贴”的模式；另一方面，可以通过各种财税优惠政策引导更多的私人资本进入保障房开发建设领域。

6.6.3 拓宽多样融资渠道发展新型城镇化

作为老工业基地，辽宁城镇建设和公共事业发展的资金主要以政府财政融资和国有银行信贷融资为主，拓宽多样化的融资渠道，把融资重心转向市场是发展新型城镇化的关键之一。

1. 依托信用水平划分融资渠道

融资渠道常常与一定的融资方式和融资机制相关联，同时受发展区域的经济文化、金融市场、信用水平等社会环境因素的影响。在信用水平低的地区，盲目发展资本市场会加大社会成本和金融风险，因此，应在优化政府信用的基础上，依托政府确保经济条件、社会成本和资金的有效性和安全性，引导辽宁省新型城镇化融资渠道进行合理划分。

放宽金融机构的准入及金融产品管理限制，让银行、信托、证券、保险、租赁、基金等金融中介进入融资市场，把财政资金和政策性银行贷款等政府资金，商业银行贷款和中小金融机构等银行信贷资金，特许经营权融资和资产证券化等新型民间资本充分调动起来，多渠道多角度支持新型城镇化发展。对于经营基础设施的企业，可采用集团内部融资，按照内源融资、债券融资和股票融资的先后顺序合理选择融资渠道。

2. “一开一堵”优化政府债务渠道

近年，辽宁省各市政府开始选择城投债的举债方式进行大规模融资，在促进地方经济社会发展方面发挥了积极作用。由于地方融资平台的实际贷款大多依托政府信用，地方政府往往通过多个融资平台公司从多家银行获得信贷资金，形成多头举债，很容易造成地方政府投融资平台法人治理结构不完善、责任主体不清晰、操作程序不规范等问题。

负债融资是经济生活中最常见的融资方式，政府举债进行城镇化建设亦是世界各国常态。但是负债融资要满足以下条件，即“开正门、堵旁门”。第一，举债机制要透明，负债融资要灵活。一方面要满足投资者的投资偏好，另一方面能够满足不同期限和利率结构的融资需求，同时要避免政府陷入债务风险。第二，融资保障要规范，依法堵住各种隐形及违规举借渠道。

3. 开发城市资产资本化

城市资产资本化是把城市拥有的各种有形和无形资产及闲置的存量资产，通过资本经营方式进行优化配置的过程。辽宁省老工业基地的历史积累较多，城市存量资产需要大量盘活，粗放的资产融资市场急需改变，以加速资产集约发展。

第一，加速人文资产商业化融资。辽宁省的自然景观丰富、人文发展历史悠久，依附于有形资产之上的无形资产将是城镇升值的重要来源。大力加强对历史古迹、特色文化、生态环境、民风民俗等无形资产的商业化运作，在增加地方经济收益的同时，可以提高城市社会效益，提升城市形象、品味、知名度及整体价值。

第二，挖掘经营城镇公共资产的资金潜力。辽宁省应改变政府对公共资产一味投入和建设、不计产出和经营的理念。城镇的经营就是要开拓土地资本和地域空间功能，促进国有土地增值。各级政府可以通过开发荒滩、荒地及废弃土地，收回闲置土地，收购破产企业及低效益使用的国有土地等多种方式，充分用足城市存量空间，利用级差地租，形成以地生财的筹资途径。

除了土地、矿产资源等自然资本和道路、桥梁等人力资本的挖掘外，更重要的经营方式是开发城镇延伸资本，例如拍卖、转让城市公共设施及依附其上的公交线路、商业网点、公厕、路灯、报亭的开发权、使用权、经营权，以及依附于城市公共设施之上的冠名权、广告权等，构建“以城养城”的市场化理念。

6.7 本章小结

城镇化是一个自然历史过程，应当从各地经济社会发展水平、区位禀赋、资源环境承载能力等实际出发，合理确定发展目标和建设任务，顺势而为，量力而行，稳步推进。

“人、地、钱”是新型城镇化发展的三大问题，其中的资金保障是关键一环，《国家新型城镇化规划》提出要建立透明规范的城市建设投融资机制。新型城镇化建设资金需求大、期限长，社会外部效益强但商业效益不高，需要以改革创新思维，推动建立市场化、可持续的资金保障机制，有效发挥政策性金融的引导和促进作用，避免地方政府债务无序扩张，防范系统性金融风险，平稳释放城镇化潜力。

参考文献

[1] 邱衍鹏．湖北省新型城镇化与资源环境关系的实证研究 [D]. 华中农业大学，2015.

[2] 姚敏峰 刘赛．新型城镇化背景下的宜居小城镇规划策略——以福建省宁德市寿宁县南阳新区规划设计为例 [J]. 规划师，2015，31（06）：57–61.

[3] 郭凯 周继东．新型城镇化过程中政府融资模式创新与效率——基于辽宁省市际面板数据的实证研究 [J]. 东北财经大学学报，2014（06）：42–47.

[4] 管伟．新型城镇化投融资模式研究 [D]. 浙江大学，2014.

[5] 李晨飞．我国新型城镇化建设中的融资路径研究 [D]. 辽宁大学，2014.

[6] 宋刚，赵述．辽宁省新型城镇化融资问题研究 [J]. 经济师，2014（03）：174–175.

[7] 孙吉祥．风景名胜区与依托城市过渡空间设计研究 [D]. 西南交通大学，2014.

[8] 吴殿廷，赵林，高文姬．新型城镇化的本质特征及其评价 [J]. 北华大学学报（社会科学版），2013，14（06）：33–37.

[9] 李江迪．土地流转背景下村镇社区住宅优化设计研究 [D]. 重庆大学，2013.

[10] 问妍．华北地区既有居住建筑改造技术的适宜性策略研究 [D]. 河北工业大学，2012.

[11] 许溶烈，陈明中，黄坤耀．既有建筑综合改造的社会需求与发展前景 [J]. 建筑结构，2008（05）：120–125.

[12] 王玉思．浅议 PPP 模式下的政府角色及风险防范 [J]. 法制博览，2019（07）：121–122.

[13] 陈芳 .PPP 项目全流程会计核算初探 [J]. 会计师，2019（03）：59–60.

[14] 李燕．中国文化创意产业融资效率的测算及其影响因素研究 [D]. 东北师范大学，2018.

[15] 朱菁．乡镇撤并背景下新型城镇化问题研究 [D]. 山东农业大学，2018.

[16] 赵涛．既有住区建筑围护体系功能提升策略研究 [D]. 大连理工大学，2018.

[17] 潘昱宾．促讲我国邮轮母港发展的法律对策研究 [D]. 海南大学，2018.

[18] 程晶．论我国国有公共设施致害的国家赔偿 [D]. 华中科技大学，2017.

[19] 王丹，王丽娅，刘交交，叶欣．“一带一路”背景下民间资本参与铁路 PPP 项目的理论研究 [J].2016（26）：74–75.

[20] 高志勇 . 水处理项目总承包模式的探索与应用 [J]. 科技创新与应用，2013（30）：260–261.

[21] 贾海峰，王旗红 . 我国民间资本参与城市基础设施建设的模式分析 [J]. 皖西学院学报，2012，28（06）：66–69.

[22] 李明 . 我国小水电项目的资产证券化模式探讨 [J]. 水利水电科技进展，2009，29（02）：66–70.

[23] 邱建新 . 水务项目采用 BOT 方式的探讨 [J]. 水利科技与经济，2005（12）：733–735.

[24] 柳强，孙艳丽，佟怡伶 . 辽宁省既有建筑节能改造融资问题及对策研究 [J]. 辽宁经济，2015（11）：62–63.

[25] 柳文旭，孙艳丽，王晓弢 . 既有建筑节能改造投融资模式探讨 [A]. . 土木工程建造管理（4）[C]. : 哈尔滨工业大学出版社有限公司，2009 : 4.

[26] 吴天池 . 我国既有建筑节能改造势在必行 [J]. 铜陵职业技术学院学报，2012，11（01）：74–75.

[27] 郭俊平 . 北方采暖区既有居住建筑节能改造外部性研究 [D]. 北京交通大学，2010.

[28] 周查理，庚莉萍 . 发达国家建筑节能立法经验 [J]. 上海房地，2010（01）：50–52.

[29] 窦林琪，武蕴华 . 中国建筑节能立法成就及国外立法经验借鉴 [J]. 山西能源与节能，2009（06）：9–14.

[30] 王洪波 . 我国建筑节能财政政策研究 [D]. 哈尔滨工业大学，2009.

[31] 田亚鹏，金占勇，何北，武朋，耿云皓 . 既有建筑节能改造投融资风险管理研究 [J]. 建设科技，2017（09）：43–46.

[32] 冯小平，李少洪，龙惟定 . 既有公共建筑节能改造应用合同能源管理的模式分析 [J]. 建筑经济，2009（03）：54–57.

[33] 刘玉明 . 既有居住建筑节能改造经济激励研究 [D]. 北京交通大学，2009.

[34] 李海英，张贵杰，赵冰，姚培 . 我国北方采暖地区既有居住建筑节能改造投融资模式探讨 [J]. 建筑经济，2008（06）：39–42.

[35] 金占勇，郝有志，马重芳，刘长滨 . 北方地区既有居住建筑节能改造投融资模式设计 [J]. 建筑经济，2008（05）：56–59.

[36] 王承凤 . 基于节能减排的我国原料药生产企业可持续发展战略研究 [D]. 沈阳药科大学，2008.

[37] 张新生，李明 . 合同能源管理——既有建筑节能改造的有效途径 [J]. 江苏建筑，

2008（02）：48-50.

[38] 金占勇，郝有志，刘长滨．基于外部性分析的北方地区既有居住建筑节能改造投融资模式设计 [A].2008：7.

[39] 孙金颖，刘长滨，西宝，肖刚．中国建筑节能市场投融资环境分析 [J]. 土木工程学报，2007（12）：89-94.

[40] 李菁，马彦琳，梁晓群．既有建筑节能改造的融资障碍及对策研究 [J]. 建筑经济，2007（12）：37-40.

[41] 孙金颖，梁俊强，刘长滨．建筑节能服务市场投融资模式设计与风险分析 [J]. 暖通空调，2007（10）：7-11.

[42] 杨树凡，鲁永奇，张劲，唐羽，王立娟．我国建筑节能改造对策与融资渠道研究 [J]. 节能与环保，2006（06）：28-30.

[43] 孙艳丽，韩昊男，董文天，刘娟，张正涛．国外雾霾治理方式借鉴及我国城市雾霾治理研究——以沈阳市为例 [J]. 辽宁经济，2017（02）：55-57.

[44] 孙艳丽，岳树杰，刘承宪，刘永健，刘倩兮．环保 PPP 模式下的雾霾治理及投融资博弈分析 [J]. 沈阳建筑大学学报（自然科学版），2015，31（04）：760-768.

[45] 孙艳丽，范杰，崔文华，孙艳秋 .PM2.5 对辽宁经济的影响及对策 [J]. 辽宁经济，2014（09）：23-25.

[46] 孙艳丽，刘永健，刘承宪．环境影响评价对环境空气细颗粒物 PM2.5 防治作用探析 [J]. 沈阳建筑大学学报（自然科学版），2013，29（06）：1147-1152.

[47] 张云龙．雾霾治理面对的主要困境及对策 [J]. 资源节约与环保，2018（08）：99.

[48] 兰旭丽，张洪东，廖群立，张飞涟 .PPP 模式下酸雨防治投融资博弈研究 [J]. 环境保护与循环经济，2018，38（08）：69-74.

[49] 李冠群，阎湛中．基于大数据的雾霾预测信息系统 [J]. 信息系统工程，2017（05）：95-96.

[50] 顾赛菊．雾霾污染的间接经济损失评估研究 [D]. 南京信息工程大学，2016.

[51] 许娜．准经营性城市基础设施 PPP 模式的关键成功因素研究 [D]. 重庆大学，2014.

[52] 王旭光．雾霾治理与经济发展探究 [J]. 经济视角（下旬刊），2013（08）：24-25.

[53] 杨丹辉，李红莉．基于损害和成本的环境污染损失核算——以山东省为例 [J]. 中国工业经济，2010（07）：125-135.

[54] 王倩．济南市空气污染对人体健康造成经济损失的评估 [D]. 山东大学，2007.

[55] 孙艳丽，张正涛，董文天，刘娟．沈阳市浑南区智慧城市建设融资问题研究 [J]. 沈阳建筑大学学报（社会科学版），2017，19（03）：276-280.

[56] 孙艳丽，张正涛，董文天，刘娟．沈阳市智慧交通银团贷款模式应用研究 [J]. 沈阳建筑大学学报（社会科学版），2017，19（01）：52-58.

[57] 孙艳丽，岳树杰，刘承宪，刘永健，刘倩兮．环保 PPP 模式下的雾霾治理及投融资博弈分析 [J]. 沈阳建筑大学学报（自然科学版），2015，31（04）：760-768.

[58] 谢晓芳．浅谈 PPP 模式下项目财务管理问题 [J]. 中国集体经济，2019（08）：140-141.

[59] 兰旭丽，张洪东，廖群立，张飞涟.PPP 模式下酸雨防治投融资博弈研究 [J]. 环境保护与循环经济，2018，38（08）：69-74.

[60] 梁毕明．我国智慧城市建设融资问题剖析 [J]. 经济纵横，2015（06）：63-65.

[61] 李杰．重庆市智慧城市建设融资问题研究 [D]. 西南大学，2015.

[62] 韩刚，袁家冬，韩宗白．中国城市化建设投融资模式研究 [J]. 经济地理，2013，33（07）：36-40.

[63] 孙艳丽，刘万博 刘欣蓉．基于 ISM 的 PPP 融资风险因素分析 [J]. 沈阳建筑大学学报（社会科学版），2012，14（01）：41-44.

[64] 胡海峰，陈世金．以资产证券化为突破口盘活存量资产 [J]. 河北经贸大学学报（综合版），2015，15（04）：41-46.

[65] 高艳丽．吉林省新型城镇化的融资问题研究 [D]. 东北师范大学，2015.

[66] 周园，邬冰．辽宁新型城镇化建设政府融资问题探讨 [J]. 吉林省经济管理干部学院学报，2015，29（02）：33-36+160.

[67] 曹天昌，戴洁．甘肃省推动城镇化健康发展的战略对策 [J]. 天水行政学院学报，2015，16（02）：54-56.

[68] 朱静．新型城镇化的资金渴望 [J]. 新理财（政府理财），2015（Z1）：92-93.

[69] 郭凯，周继东．新型城镇化过程中政府融资模式创新与效率——基于辽宁省市际面板数据的实证研究 [J]. 东北财经大学学报，2014（06）：42-47.

[70] 胡海峰，陈世金．创新融资模式　化解新型城镇化融资困境 [J]. 经济学动态，2014（07）：57-69.

[71] 张宇东．吉林省新型城镇化建设融资模式研究 [D]. 东北师范大学，2014.

[72] 徐夕湘，何宜庆，陈林心．基于 VAR 模型的福建省新型城镇化的财政金融支持研究 [J]. 发展研究，2017（06）：55-61.

[73] 李宝庆．城市化发展中的地方投融资体系构建研究 [D]. 浙江大学，2011.

[74] 孟翔飞，刘玉梅．城市发展理论与辽宁城镇化创新发展模式选择 [J]. 东北财经大学学报，2010（05）：3-10.